10년 후, 한국

긴급진단! 공병호가 바라본 한국 경제의 위기와 전망

10년 후, 한국

해냄

| 여는 글 |

살아남고 싶다면 이제 현실을 직시하라

앞을 내다보는 일은 여간 어렵지 않다. 어쩌면 불가능한 일인지도 모른다. 게다가 개인적으로 상당한 위험과 부담을 안고 가는 일이기도 하다. 하지만 까닭 없는 불안감을 가진 사람들이 점점 늘어나고 낙담과 좌절감이 소리 소문 없이 퍼져가는 상황이라면, 누군가는 현재의 상황을 진단하고 앞날을 전망하는 일을 해야 한다고 생각한다. 구체적으로 무엇을, 어떻게 해야 하는지를 말해야 할 시점이기도 하다.

내가 지난 1990년대에 쓴 『시장경제와 민주주의』 『기업가』 『시장경제와 그 적들』 등은 주로 한 나라의 번영에 관한 내용을 담고 있다. '어떻게 하면 한국과 한국인들이 좀더 잘살 수 있을까?'가 나의 중요한 관심거리였다. 그런데 연구소를 떠나 사업의 길을 택하면서 그런 주제들에 대해 발언할 기회는 거의 없어졌다. 그렇다고 해서 그 관심이 머릿속을 떠난 적은 한 번도 없었다.

그동안 우리 사회는 수많은 변화를 경험하였으며, 앞으로는 더욱 크게 변하리라 여겨진다. 눈으로 볼 수 있고 손으로 만질 수 있는 변화도 있겠지만 사람들의 마음속에 조용히 일어나고 있는 변화야말로 한국 사회의 미래와 직·간접적으로 연결되어 있다고 생각한다.

앞으로 한국의 경제는 역동성을 상당히 상실하게 될 것이다. 외부적인 요인도 있지만 더 큰 요인은 우리 내부에 있다. 물론 나의 직관이나 통찰, 판단이 언제나 정확하지 않음에도 불구하고 지금까지의 경험과 정보, 지식 등을 토대로 향후 10년을 미루어보면 낙관보다는 낙담을 할 수밖에 없는 것이 사실이다.

그것이 이 책을 쓰게 된 동기이다. 나는 지금부터 10여 년 동안 한국이 어떤 변화를 경험하게 될지 찬찬히 정리해 보고, 그런 변화의 주요 요인을 짚어보며, 끝으로 우리는 어떻게 해야 하는지 제시해 보고 싶었다. 위기가 닥쳐오더라도 상황을 정확하게 진단할 수 있다면, 쉽지는 않아도 극복 방법을 찾아낼 수 있지 않을까. 미래란 단순히 주어지는 것이 아니라 만들어가는 것이지 않던가.

필자와 다른 견해를 갖고 계신 분들도 많겠지만, 분명히 해두고 싶은 것은 사사로운 이해관계 때문에 이 책에 전망을 피력하지는 않았다는 점이다. 내가 제시한 대안대로 세상이 방향을 잡는다고 해서 나에게 특별히 이익이 되는 것도 없다. 그러나 제대로 된 체제를 만들 수 있다면, 그 이익은 우리 사회 구성원들이 골고루 나누어 갖게 될 것이다. 그런 면에서 이 책이 특정 계층의 목소리를 대변한다는 비난이 없었으면 한다. 말도 많고 탈도 많은 세상이기에 강조해 두고 싶다.

『개미』의 작가 베르나르 베르베르는 자유로움에 대해 이런 이야기를 했다.

> 제가 아버지에게서 배운 것 중 중요한 것이 또 하나 있습니다. 자유롭게 사는 방법이 바로 그것입니다. 그건 가장 쉬운 길은 아니지만 단연코 가장 흥미로운 길입니다. 남의 영향을 받지 않고 생각하는 자유, 상사들에게 보고하지 않고 사는 자유, 삶 속에서 얻은 경험과 세상의 이곳저곳을 다니는 여행을 바탕으로 나의 개인적인 의견을 형성하는 자유. 그런 자유에는 대가가 따르기 마련입니다. 하지만 아버지는 그 대가를 치를 만한 가치가 있다고 저에게 가르치셨습니다.

베르나르 베르베르와는 달리 나는 아버지로부터 자유롭게 사는 법을 배우지는 않았다. 하지만 몇 년 전 조직생활에서 떠나 자유인의 삶을 개척하기 시작하면서, 나는 어느 누구의 간섭도 받지 않고 사고하고 이야기할 수 있는 진정한 의미의 자유를 얻었다.

이 책을 이같은 자유로움에서 나온 결과물이라 생각한다면, 별다른 오해나 편견을 갖지 않을 수 있을 것이다. 누구든 조국을 사랑하고 동족을 사랑하게 마련이다. 다만 사람마다 그 세계관에 따라 사랑하는 방법이 다를 수는 있다. 나는 이 책에 내가 사랑하는 방식을 적어보았을 뿐이다.

한국과 그 구성원들이 위기를 뛰어넘어 커다란 영광의 시간을 만들어내기 바라는 마음은 독자 여러분이나 필자나 결코 다르지 않다고 생각한다.

공병호

| 차례 |

| 여는 글 | 살아남고 싶다면 이제 현실을 직시하라 · 4

1. 한국의 현재: 무엇이 문제인가?

1. 주력산업이 흔들린다 · 13
2. 떠나는 기업들, 사라지는 일자리 · 21
3. 위험을 감수하지 않는 사람들 · 27
4. 더 이상 '우리'는 없다 · 33
5. 약진하는 진보 진영 · 39
6. 제대로 된 시대정신이 없다 · 47
7. 위험한 민중주의의 유혹 · 59
8. 약진하는 노동조합 · 66
9. 한국의 교육, 희망은 있는가 · 74
10. 악화되는 재정 적자 · 80
11. 대미 외교, 감정만으로는 안 된다 · 87
12. 시대를 거스르는 민족주의 · 97
13. 해외로 빠져나가는 돈 · 104
14. 세계화, 결코 피해갈 수 없다 · 111
15. 한국 경제를 뒤흔드는 차이나 쇼크 · 119
16. 깊어가는 세대간 갈등 · 127

2. 10년 후 한국: 우리는 살아남을 수 있을 것인가?

　1. 좌향좌와 우향우, 어디로 가야 하나 · 135
　2. 침몰이냐 부상이냐 · 140
　3. 여전히 희망을 노래할 수 있을 것인가 · 145

3. 한국의 위기: 어디에서부터 잘못되었는가?

　1. 경제 원리보다 정치 원리 · 153
　2. 한국에 시장경제는 없다 · 156
　3. 추락의 7가지 원인 · 160

4. 미래 준비: 이제 무엇을 준비해야 하는가?

　1. 공동체 · 187
　2. 기업 · 201
　3. 개인 · 209

| 맺는 글 | 낙관할 수 없기에 절망하는 것은, 아직 이르다 · 225

1

한국의 현재:
무엇이 문제인가?

1 주력산업이 흔들린다
한국의 현재

한국은 무엇으로 사는가

앞으로 무엇을 해서 먹고살 것인가? 정해진 날짜에 꼬박꼬박 봉급이 들어오는 안정된 직업을 갖고 있는 사람이라면, 그다지 절실하게 와 닿지 않는 문제일 수 있다. 하지만 스스로 수입과 지출의 균형을 유지시켜야 하는 책임을 가진 사람들에겐 '앞으로 무엇을 해서 먹고 살 것인가?'라는 과제만큼 중요하고 절실한 일도 없다.

기업의 CEO건, 한 가족의 가장이건, 혹은 나라를 이끄는 지도자이건, 중·장기적으로 수입과 지출의 균형을 맞추어나가는 일은 가장 역점을 두어야 할 과제이다. 그들은 의식주 해결과 관련해 최소한 10년 앞을 내다보는 혜안을 갖고 있어야 한다. 물론 한 걸음 더 나아가, 보다 나은 생활을 이루기 위해 무엇을 어떻게 해야 하는지 진지한 고민도 병행되어야 한다.

먼저 우리가 지금 먹고사는 문제를 어떻게 해결하고 있는지 살펴보자. 우리 나라의 국내총생산(GDP)은 2002년 기준으로 4,766억 달러, 세계 12위이다(미국은 10조 4,168억 달러로 1위, 일본은 3조 9,787억 달러로 2위, 중국은 1조 2,371억 달러로 6위이다). 그렇다면 우리 GDP에서 수출이 차지하는 실질적인 비중은 어떨까. 1990년대는 평균 33.7%에 머물렀지만, 점점 증가해 2002년에는 54%, 2003년에는 59.8%에 이른다. 갈수록 한국 경제에서 수출이 차지하는 비중이 커지고 있는 것이다.

2003년 한 해만 하더라도 우리 나라는 1,938억 달러를 수출로 벌어들였고, 수입으로 1,788억 달러를 지출하였다. 원화로 환산하면(환율 1,200원 기준) GDP 539조 원에 수출액이 약 232조 원이다.

석유·철강·비철금속 같은 원자재와 부품 대부분을 수입할 수밖에 없는 경제 구조를 고려하면, 약 232조 원에 해당하는 수출의 향방에 한국인들의 먹고사는 문제가 달려 있다고 해도 무리가 아니다.

수출산업과 그 상품을 찬찬히 살펴보면 한국인들의 미래를 어렵지 않게 엿볼 수 있다. 반도체·자동차·무선통신기기·컴퓨터·선박 같은 5대 주력 품목이 우리 수출의 43.2% 이상을 차지하고 있는데, 그 비중은 해마다 꾸준히 상승하고 있다(1999년 33%, 2001년 38.9%, 2002년 42.4%). 게다가 석유제품·합성수지·철강판·영상기기·자동차부품을 추가한 10대 품목은 54.8%에서 56.6%, 57.9%로 그 비중이 더욱 높다.

이처럼 한국의 수출을 견인하는 5∼10가지 산업은 1970년대에 씨앗이 뿌려져 1980년대와 1990년대에 걸쳐 집중적으로 육성되어 온 장치산업들인데, 막대한 설비 투자를 요구하는 이들 산업이 지금 한국을 먹여 살리고 있는 것이다.

오랜 기간 축적해 온 생산기술의 우위 때문에 장치산업은 앞으로도 몇 년은 더 경쟁력이 있을 것이다. 하지만 생산기술의 우위만으로는 중국 같은 후발 주자를 따돌리기 어렵다. 대규모 설비 투자가 필요한 산업은 자본력만 있다면 누구든 뛰어들 수 있기 때문이다.

실제로 장치산업에서 일하는 경영자 A씨는 "중국의 무한정한 설비 투자가 완결되는 시점이 얼마 남지 않았다. 그때가 되면 한국에서 어떤 상황이 벌어질지 심각하게 고민하고 있다"라고 말한다. 중국은 거의 전 업종에 걸쳐 이미 과잉 설비 상태에 있고, 그런 현상은 더욱 심해질 것으로 보인다. 중국 국내의 과잉 설비는 덤핑이라는 모습으로 해외 시장을 교란하게 될 테고, 이미 경공업 제품을 제패한 지 오래인 중국은 중화학공업에 이르기까지 거의 전 제품에서 가격결정권을 쥐게 될 것이다.

어느 국책 연구소가 '한·중·일 3국의 자동차 및 반도체산업 경쟁력'을 비교한 자료를 내놓은 적이 있다. 그 자료에 따르면, 2010년을 기점으로 해서 자동차부품의 종합 경쟁력은 중국이 한국을 앞서게 된다. 반도체산업 메모리 분야의 경우도 중국은 2010년 즈음이면 일본과 대등한 수준에 도달하고, 한국과는 근소한 차이를 보일 것이라고 한다.

그런데 실제 그 격차는 훨씬 좁아질 가능성이 높다. 연구자들이 내놓은 자료는 참고할 만하기는 해도 현장에서 보면 정확히 맞아떨어지는 것은 아니다. 중국의 생산 현장에서 볼 수 있는 열기를 고려하면 더욱 그런 확신이 든다. 게다가 우리가 그랬듯 가난에서 벗어나려는 의지는 학습에 플러스알파 효과를 제공하게 마련이다.

우리 나라의 대표적 공단에 있는 H사에서 얼마 전 경험한 일이다. 그곳에는 중국으로 진출한 자사 공장에서 일하는 30여 명의 중국 근로자들이 파견 나와 설비 운영에 대한 기술을 익히고 있었는데, 담당 임원이 이런 이야기를 들려주었다.

"중국 근로자들은 일과 후 분임조를 만들어 의견을 교환하기도 하고 생산반장을 초청해 미진한 부분을 배워나가는데, 그 열기가 어찌나 뜨거운지 놀랄 정도입니다. 기술을 익히는 속도가 예상보다 훨씬 빠릅니다. 처음에는 중국 공장과 한국 공장의 생산성 격차가 6개월에서 1년 정도 되리라 예상했지요. 그러나 문을 연 지 3개월 만에 중국 공장은 한국 공장의 생산성을 추월했고, 경영진은 원래 계획보다 빨리 거의 모든 공장을 중국으로 옮기기로 결정했습니다."

상황이 이렇게 되다 보면 우선은 단순한 장치산업이 큰 타격을 받을 것이다. 이미 가격 경쟁력에서 밀리기 시작했다. 경쟁의 최전선에 서 있는 경영자들은 위기를 감지하고, 중국을 비롯한 기타 지역으로 설비 이전 계획을 적극 추진하고 있다. 이같은 분위기는 이미 현장에서 확연히 관찰되고 있다. 그리고 그 추세는 더욱 가속화될 것이다.

이처럼 완제품을 생산하는 대기업이 설비 자체를 해외로 이전한다면, 부품과 소재를 공급하는 다수의 중소기업들은 그와 함께 문을 닫을 수밖에 없다. 설비 투자를 주저하는 분위기는 이미 확산 일로에 있다. 혹자는 경기 불황에 그 원인을 돌리기도 하지만, 나는 한국 산업의 근원적인 경쟁력 상실에서 그 원인을 찾고 싶다.

'잘 나가는' 한국 기업들의 실상

장치산업 외에 현재 한국을 먹여 살리는 기업들의 실상은 어떠한가. 화려한 외양과는 달리 허약한 수준에 머물고 있다. 업계에 정통한 사람을 만나 조금만 이야기를 들어봐도 이같은 사정은 금세 알 수 있다.

문제는 우리가 원천기술 면에서 절대적으로 열세에 놓여 있다는 점이다. 원천기술 확보의 어려움이란 사실 어제 오늘의 이야기는 아니다. 하지만 '잘 나가는' 한국 기업들의 실상을 여과 없이 드러내는 어느 연구개발자의 이야기를 들어볼 필요가 있다.

갑: 아직 대부분의 우리 기업은 신기술 개발보다 '베껴서 만들자'는 식입니다. 고급 인력에 목말라한다지만 정작 고급 인력을 활용해서 높은 부가가치를 창출하겠다는 도전 의지는 기업 내에 없습니다.

을: A사에 다니고 있지만 10년 뒤에 A사가 살아남을지 솔직히 의문입니다. 보유한 핵심기술이 너무 없기 때문이지요. CEO들은 이런 사실을 잘 알고 있을 것입니다. 세계 유수의 S사보다 수익을 많이 올린다고 좋아들 하지만 보유한 기술을 비교하면 초라한 실정입니다. 이런 상황에서 위기가 닥치면 강력한 기술을 가진 기업들이 살아남겠지만, 그렇지 못한 기업이 과연 버틸 수 있을까요.

병: 싼 인건비로 위험 부담 없는 단순한 기술만 연구하기 때문입니

다. 외국에서 사온 기술을 이용, 빨리 시장에 제품을 내놓으려면 구태여 경험 많고 비싼 인력을 쓸 이유가 없지요.

 정: 원천기술에 도전하는 기업이 없기 때문에 연구원들의 수명도 짧습니다. 원천기술을 연구하려면 뛰어난 실력과 경험이 오래된 진정한 마스터(Master)가 필요합니다. -《조선일보》 2004. 2. 2

일본 동경대 연구원으로 떠나는 광통신 소자 개발 전문가 K씨가 들려주는 현장 이야기 역시 한국 첨단산업의 현주소를 알려준다.

 한국에 계속 있어봐야 장기 전망이 없어요. 국내 기업들은 당장 돈이 되는 무선통신에만 투자하려 들어요. 10~15년 뒤 필요한 기술인 인터넷 광통신엔 눈길도 주지 않아요. 반면 일본 기업은 활발한 투자를 하고 있어 '희망'을 안고 떠나는 겁니다. -《조선일보》 2004. 1. 27

과연 10년 뒤 무엇을 먹고살 것인가? 정책을 만들고 나라를 이끌어가는 사람들에게서 이런 질문에 진지하게 고민하는 모습은 보이지 않는다. 새로운 성장의 동력을 발굴해 낼 수 없다면, 떠나버리고 난 기업들의 빈자리에 남는 것은 기존 인력의 대량 실업과 신규 고용의 부진일 뿐이다.

 흔히들 일본은 10년의 세월을 잃어버렸다고 한다. 그 말의 교훈을 깊이 새겨둘 필요가 있다. 일본 하면 무엇이 떠오르는가? 무엇보다 소니·도요타·마쓰시타·혼다·파낙 등을 떠올릴 수 있을 것이다. 모두 일본을 근거지로 세계적인 경쟁력을 갖고 전 세계 소비자들의 사랑을 받고 있는 회사들이다. 그러나 대부분 1960년대부터 1970년대에 걸쳐 만들어진 회사들로, 더 이상 일본에서 이들과 같은 성공 스토리를 찾아보기가 힘들다.

소프트웨어·네트워크·바이오·마이크로프로세서 등 1990년대로 접어들면서 많은 신산업들이 등장했지만 일본 기업들은 이 분야에서 약진하지 못했다. 과거에 뿌린 씨앗만 갖고 살아왔다는 이야기이다. 이를 두고 경쟁전략으로 명성을 쌓아온 하버드대의 마이클 포터 교수는 이렇게 평가했다.

> 1980년대, 일본은 경쟁이 치열한 많은 산업에서 세계 최고의 지위를 누렸다. 그러나 그것은 또다른 경고였다. 이 시점 이후로 종래 성공적이었던 다양한 사업들이 국제적으로 지위가 실추되는 아픔을 겪어야 했다. 그리고 지난 10년 동안, 일본의 성공 스토리는 더 이상 나타나지 않았다.

앞으로 10년, 우리는 어떤 성공 스토리를 만들어갈 수 있을까? 단순히 손에 꼽는 몇몇 기업들의 약진 때문에 닥쳐올 위기가 보이지 않는 것은 아닌가?

언젠가 〈풀 몬티〉라는 영국 영화를 본 적이 있다. 1980년대 전성기를 누리던 제철단지였으나 산업구조의 변화와 경쟁력 상실로 한가한 도시가 되어버린 세필드를 배경으로 한 영화였다. 제철소는 문을 닫고 근로자들은 뿔뿔이 흩어져 직업소개소를 전전하는데, 급기야 생계를 위해 스트립쇼까지 벌이게 된다. 절박한 중년 남자들의 상황을 코믹하게 그린 작품이었지만 나에게는 전혀 코믹하게 느껴지지 않았다. 정말이지 애잔했다. 결코 남의 일처럼 보이지 않았기 때문이다.

지금 한국의 대표적인 공단에 가보면, 이렇게 번성한 지역이 사양화되리라고는 생각되지 않을 것이다. 그러나 세필드란 도시가 사양화되리라고 상상한 사람이 있었을까?

앞으로 거대한 설비를 갖춘 공장들이 폐허화되는 모습을 종종 목격하게 될 것이다. 한국은 텅 빈 공단을 아파트 단지로 활용하는 일 외의 '그 무엇'을 만들어낼 수 있을까? 그 문제는 우리를 괴롭히는 고민이 될 것이다.

10년 후 한국을 대표하는 두 단어는 '낮은 성장률'과 '높은 실업률'이 될 것이다. 문제 해결을 위해 설왕설래가 계속되고 정치적 수사가 늘어나겠지만, 책임질 만한 사람들이 장기적인 계획과 소신을 갖고 난제들을 해결할 가능성은 불행하게도 거의 없어 보인다.

2 떠나는 기업들, 사라지는 일자리
한국의 현재

해외로 이전하는 공장들

삼성전자는 국내에 유일하게 남아 있던 전자레인지 생산시설을 지난 달 완전히 철거했다. 25년 만이었다. 전체 전자레인지의 20%를 생산해 온 수원 공장 라인을 철거한 이유는 중국 업체들의 계속된 가격 인하 때문이라고 한다.

한 관계자는 "세계 3위 업체인 중국 거란쯔(格蘭仔)의 가격 공세에 맞서 고급 전자레인지 위주로 생산해 왔다. 하지만, 올해에도 20%나 가격을 인하하는 바람에 더 이상 가격경쟁력을 유지하기 힘들었다"고 전한다.

이에 따라 수원 공장에서만 최대 600여 명의 일자리가 사라졌다. 부품 및 소재를 공급하는 협력 업체의 일자리 상실 분을 생각하면 그

수는 더욱 커진다. 수원 공장이 맡던 전자레인지 생산본부 기능은 1991년부터 말레이시아로 이관되기 시작했지만, 2000년까지만 해도 연간 550만 대를 생산해 오다가 가격경쟁력에 밀려 결국 폐쇄된 것이다.

삼성전자는 국내 PC 생산라인도 2005년까지 모두 해외로 이전할 계획이며, 이미 TV 생산량의 80%와 에어컨·냉장고·세탁기 등 생활가전의 60%는 해외에서 생산하고 있다. 한 협력 업체 대표는 "세탁기 라인의 이전 작업도 예상보다 빨라질 것으로 보인다. 동반 해외 이전이나 대체 거래선 확보 등이 모두 쉽지 않은 문제여서 협력 업체들이 대책 마련에 부심하고 있다"라고 전한다.

이렇듯 해외 이전이 계속된다면 근로자들은 어떤 상황에 처하게 될까? 자영업을 시작해 대기업에 있을 때보다 나은 생활을 꾸리는 사람도 있겠지만, 대개는 보수나 후생복지 수준을 낮출 수밖에 없을 것이다. 노동부 자료를 보면, 직원 500인 이상 업체의 월평균 임금은 304만 원인데 반해 소규모 기업(5~9인 기업)은 154만 원에 불과하다. 업종에 따라 차이가 있겠지만, 보수나 후생복지 수준은 기업의 규모에 크게 좌우된다.

사라지는 일자리는 객관적인 자료로도 드러나고 있다. 한국산업단지공단이 전국의 공장을 조사한 결과를 보면 뚜렷한 특징을 발견할 수 있다. 대규모 공장들이 문을 닫고, 중규모 공장은 완만하게 늘어나며, 가내기업 수준의 공장은 빠른 속도로 증가하고 있다. 결과적으로 절대적인 고용 규모가 줄어들고, 근로자들 역시 하향 이동하고 있음을 알 수 있다.

예를 들어, 직원 300인 이상의 대규모 공장은 2001년 2,026개에서 지난해엔 1,617개로 2년 사이 409개나 줄어들었다. 이틀에 1개 꼴로 줄어든 셈이다. 같은 기간 50명에서 300명 이하를 고용하는 중규모 공장은 6,722개에서 6,805개로 83개가 늘어났다. 반면 50명 이하의 소규모 공장은 7만 6,184개에서 8만 9,527개로 1만 3,343개나 늘어났다. 결과적으로 지난 2년간 제조업 취업자 수는 425만 7,000명에서 420만 5,000명으로 약 5만 2,000명이 줄어들었다.

　이같은 현상을 걱정할 필요가 없다고 생각할 수도 있다. 경제의 무게중심이 제조업에서 서비스업으로 이전하고 있기 때문이다. 예를 들면, 1989년만 하더라도 제조업이 고용에서 차지하는 비중이 27.8%였지만 2002년에는 19%로 떨어졌는데, 반면 서비스업은 45%에서 63.3%로 증가했다. 제조업에서 사라지는 일자리의 상당 부분을 서비스업이 대체하고 있는 것이다. GDP에서 차지하는 비중 역시 서비스업과 제조업은 각각 55.1%와 30%를 차지하게 되었다.

　문제는 서비스업의 생산성이 너무 낮다는 점이다. 현재 서비스업의 노동생산성은 제조업의 절반 수준에도 미치지 못하고 있다. 서비스업에 취업한 개인의 1인당 실질 부가가치는 제조업의 45% 수준이다. 서비스업의 팽창이 근로자들의 생활 수준을 향상시키지 못하고 있다는 뜻이다.

　1995~1999년에 한국 서비스업의 노동생산성 평균치는 미국의 45%, 일본과 프랑스의 49% 수준에 불과하다. 게다가 제조업 대비 노동생산성 비율도 미국, 일본, 프랑스는 74~96%를 차지하는데 반해 한국은 63%에 머물고 있다. 경제 성장에 대한 기여도 역시 0.7%(2003

년)까지 떨어지게 되었다. 당분간 우리 생활 수준이 크게 나아질 수 없는 중요한 이유 중 하나이다.

특히 요식·숙박·부동산중개 같은 서비스업의 경우는 제조업에 비해 최종 수요에 대한 의존도가 높고 생산 유발 효과가 낮다. 서비스업이 다른 산업에 미치는 파급 효과가 크지 않은 것이다. 결과적으로 서비스업의 성장은 GDP 성장의 한계를 낳을 수밖에 없다. 물론 시간이 흐르면서 조금씩 나아질 테지만, 현재 영위하고 있는 제조업 정도의 생산성을 올리기 위해서는 무척 긴 시간이 필요할 것이다.

반면 경영자들은 거의 무제한적인 자유를 갖게 되었다. 그들은 지역이란 한계를 거뜬히 뛰어넘어 최적 입지를 선택할 수 있는 자유를 얻은 셈이다. 앞서 예를 든 삼성전자의 경우, 공장의 해외 이전으로 1997년부터 2003년까지 매출이 2배 이상 증가했지만 국내 고용 인력은 오히려 2,438명(1997년 5만 7,817명, 2003년 5만 5,379명)이 줄었다. 반면 해외 고용 인력은 1만 9,000명에서 2만 5,000명 안팎으로 늘어났다.

LG전자도 마찬가지다. 1998년부터 2003년까지 국내 고용 인력은 겨우 1,330명이 늘어난 반면 해외 인력은 1만 4,000여 명이나 늘어났다. 매출은 2배 이상 증가했다. 현대자동차는 작년 미국의 현대모터스아메리카(HMA) 등 17개 해외법인에서 2002년 대비 40% 가까이 늘어난 2,800명을 채용했고, 국내에서는 1,600명(3.2% 증가)을 채용하는 데 그쳤다.

문제는 이같은 현상이 갈수록 심화되고 있다는 사실이며, 투자 환경이 획기적으로 바뀌지 않는 한 개선될 기미가 없다는 점이다. 지금까지 "본사를 옮겨보라"는 사업가들의 이야기는 우스갯소리에 불과했지만 좋지 않은 환경에서 그들이 최종적으로 선택할 수 있는 방법은 본사 기능을 해외로 옮기는 것이다. 만약 성공 사례가 출현한다면, 뒤를 따르는 기업들도 늘어날 것이다.

대기업이 떠나고 난 자리를 누가 메울 수 있을까? 그 자리를 메운 기업들이 대기업의 임금 수준이나 후생 수준에 맞출 수 있을까? 최근 한국보건사회연구원은 흥미로운 자료를 하나 내놓았다. 외환위기 직후인 1998년, 당시 45~50세였던 직장 연금보험 가입자 중 17만 2,000여 명이 퇴직했는데, 이 가운데 39%에 달하는 6만 8,000여 명이 지난해 연금보험료를 내지 못했다는 것이다. 참고로, 퇴직자 가운데 새로 직장을 구한 사람이 39%, 직장을 구하지 못해 자영업을 시작한 사람이 37%라고 한다. 그리고 24%는 6년이 지난 지금까지 실직 상태에 있다. 요컨대 40대 중반 이후에 퇴직한 직장인 10명 가운데 4명이 연금보험료조차 내지 못할 만큼 빈곤층으로 전락하고 있다는 것이다.

또한 2000년에 퇴직한 45~50세 퇴직자 29만 명 중 45%도 보험료를 내지 못한 것으로 조사되었다. 직장을 떠난 후 과거와 같은 임금 수준을 유지하기 어려울 뿐만 아니라 자칫하면 빈곤층으로 추락할 수 있음을 보여주는 자료다.

일자리를 창출하기 위해 한국은 앞으로도 무척 큰 시련을 경험하게 될 것이다. 지금 겪고 있는 청년 실업은 단순히 경기에 따른 문제가 아니라 앞으로 한국 경제가 맞게 될 가혹한 '일자리 전쟁'의 전주곡이란 생각이 든다.

1980년 전문대 이상의 입학 정원은 20만 1,000명이었지만, 이제는 60만 9,000명에 이르렀다.

매년 쏟아져 나오는 50만 인력을 어디에서 흡수해야 하는가? 제대로 된 일자리를 매년 50만 개는 만들어내야 하는데, 그 해법을 찾기가 쉽지 않다. 게다가 2000년 435만 명이었던 25~29세 인구는 2005년 383만 명까지 줄어들었다가 2008년에는 다시 401만 명으로 늘어난다고 한다. 자구책으로 해외 취업의 문을 두드리는 청년들도 늘겠지만, 기대 수준을 대폭 낮춰야 만족할 수 있을 것이다.

3 위험을 감수하지 않는 사람들
한국의 현재

기업가정신은 실종되었는가

지도자는 좋은 시절을 최대한 오래 연장하기 위해서라도 냉철하고 세심하게 키를 잡아야 한다. 어쨌든 변해버린 뒤에 그것을 원래 상태로 되돌리는 것은 여간 어려운 일이 아니기 때문이다.

위기로 치닫는 로마 제국을 그린 시오노 나나미의 『로마인 이야기』를 읽다가 가슴에 와 닿는 문장이 있어 인용해 보았다. 현대적 의미로 좋은 시절이란 어떤 때를 말하는 것일까? 돈을 벌기 위한 인간의 욕망이 건설적이고 생산적인 곳을 향해 분출되는 그런 시기가 아닐까. 시장에서 기회를 읽고, 그 기회를 잡기 위해 위험을 기꺼이 감수하며 사업을 일으키는 사람들이 많은 시대가 좋은 시절에 해당할 것이다. 그들이 감수한 위험의 대가로 여러 사람들이 혜택을 나누어 갖는 것이 자본주의이다. 그러나 위험을 감수하려는 사람이 많지 않다면, 그런 사회는 침체의 늪에서 헤어날 수 없다.

반대로, 좋지 못한 시절이란 어떤 때일까? 행동한 적도 없고, 행동하고 있지도 않으며, 다만 입으로 선행(善行)하는 사람들이 득세하는 시절이 그런 때일 것이다.

얼마 전 외국인 친구를 만나 이런저런 이야기를 나누었다. 오랫동안 한국 경제를 연구해 온 그는 우리가 처한 상황에 대해 객관적인 안목을 가진 사람인데, 내게 이렇게 물었다.

"한국 사회는 기업가정신의 상실로 톡톡히 비용을 치를 것 같은데, 어떻게 생각하세요? 한번 사라진 기업가정신을 복원하는 일은 여간 어렵지 않은데 이런 문제를 걱정하는 사람들은 많지 않아 보여요. 경제성장률 같은 숫자보다는 사람들의 마인드에 더욱 주목해야 할 텐데."

그의 날카로운 지적에 나는 이렇게 대답했다.

"동감입니다. 그런데 경기가 조금 풀리기라도 하면 소규모 창업은 여전히 다른 나라에 비해 활발한 편입니다. 개개인의 기업가정신은 왕성한 편이죠. 직장인들도 기회만 있으면 무엇이든 자기 사업을 해보려고 하거든요. 다만 어느 정도 자본을 갖고 있고 규모 있는 사업을 일으킬 수 있는 사람들의 마인드가 문제지요. 당신이 말하는 기업가정신의 상실이란 여력 있는 사업가나 기업을 두고 하는 소리로 이해하고 싶습니다."

자본주의를 움직이는 엔진은 단순한 물질이 아니라 정신과 마음이다. 물질이란 정신과 마음의 산물일 뿐이며, 자본주의를 견인하는 정신과 마음은 일단 가라앉으면 여간해서는 다시 점화하기가 쉽지 않다.

앞으로 일정 규모 이상의 사업을 일으켜 사람을 고용하고 물건이나 서비스를 생산해 돈을 벌려는 욕구는 상당히 가라앉게 될 것이다. 'making money'를 향한 열정은 여전하겠지만 'making stuff'를 통해 돈을 벌려는 열정은 현저하게 줄어들 수밖에 없다.

누구 좋으라고 사업을 하나

바몰 교수의 논문 「기업가 정신: 생산적, 비생산적 그리고 파괴적」을 보면 이런 말이 나온다.

기업가란 자신의 부와 권력, 명예를 확대시켜 줄 수 있는 방법을 찾는 데 독창적이고 창조적인 사람들이다. 그런데 기업가가 목적 달성을 위해 선택한 수단이 사회적인 측면에서 생산물을 추가하느냐 아니냐는 그들의 관심 사항이 아니다. 즉 그들의 선택이 사회적 생산에 실질적인 방해가 될지라도, 사적 이익의 추구가 사회적 관점에서 바람직한지 아닌지는 그들이 고심할 문제가 아니라고 생각한다.

기업가정신은 우리가 흔히 이야기하는 슘페터 류의 기업가정신, 즉 혁신과 개선을 통해서 발휘되는 것만은 아니라는 말이다. 뇌물이나 부동산 투기처럼 '비생산적인 기업가정신' 역시 엄연히 기업가정신의 한 부분을 차지하고 있다.

그렇다면 한 사회의 역동성이나 발전은 어떻게 결정되는가? 기업가정신이 생산적인 분야를 향해 분출될 때 비로소 한 사회의 발전이나 성장을 기대할 수 있다. 또한, 그렇다면 기업가가 생산적인 분야와 비생산적인 분야에 에너지를 안배하는 데는 어떤 요소들이 영향을 미칠까? 바로, 사회가 지불하는 보상 체계이다. 보상 체계에서는 수익률도 중요하지만, 그에 못지않게 사회적 인정 같은 요소도 중요하다. 다른 조건이 일정하다면, 보상 체계가 잘 되어 있는 경제는 그렇지 못한 경제보다 훨씬 빠르게 번영과 성장을 구가하게 될 것이다. 바몰 교수는 이렇게 부연 설명하고 있다.

> 어떤 시점과 장소에서 기업가 활동의 내용을 결정하는 요인은 기업가 활동에 대한 보상 체계이다. 활동 A와 B가 있을 때, A를 통해 많은 부를 벌어들이지 못한다거나 사회적인 불명예를 받는다면 기업가는 B에 투입하는 경향을 띤다. 그러나 만약 B가 A보다 사회적인 관점에서 생산이나 복지에 덜 기여한다면, 사회적으로 문제가 될 수 있다.

문제는 한국에서는 어려움을 감내할 만한 보상이 주어지지 않는다는 데 있다. 축적한 부를 확대재생산할 수 있는 여력을 가진 사람들은 '욕먹어가면서 누구 좋으라고 사업을 하나'라고 자조적으로 생각할 수도 있고, 그런 사람들은 더욱 늘어날지 모른다. 생산적인 활동 대신 투기 열풍이라 부를 만한 일들이 반복, 순환될 것이며 돈을 안전한 곳에 넣어둘지는 몰라도 사업을 일으키지는 않을 것이다.

안정 지향적인 성향은 사업뿐 아니라 젊은이들의 직업 선택에도 나타나고 있다. 많은 젊은이들이 의대나 한의대를 최우선으로 친다. 나는 가끔 공급 과잉 때문에 한 집 건너 개인병원이나 한의원이 즐비한 동네를 상상하곤 한다. 정년이 보장되는 교사나 공무원도 젊은이들이 선호하는 직업이다. 고시와 자격증에도 많은 사람들이 몰려든다. 우리 사회가 안정에 큰 가치를 두고 있다는 의미다.

안정이란, 부를 나누어 갖는 게임에 참여하는 것을 뜻한다. 아무리 많은 변호사가 있다 해도 그들이 새로운 부를 만들어내지는 못한다. 그들은 존재하는 부를 나누어 갖는 게임을 하는 사람들이다. 한 사회를 지배하는 정신이 위험을 피해 안정을 취하는 쪽으로 간다면 그 사회는 정체를 벗어날 수 없고, 나는 향후 10여 년간 이런 추세가 계속되리라고 본다.

위험을 감당하지 않도록 유도하는 기업 관련 제도를 볼 때 그 순기능과 아울러 역기능도 함께 생각하게 된다. 제도의 선진화 필요성을 충분히 이해하면서도, 그런 일련의 조치들이 예기치 못한 부작용을 낳는 데 주목하게 된다. 역사를 되돌아보면, 선의로 시작된 정책들이 전혀 다른 결과를 낳는 경우가 빈번했기 때문이다. 일찍이 로마의 걸출한 영웅이었던 카이사르는 "아무리 나쁜 결과로 끝난 일이라 해도 그 일을 시작한 애초의 동기는 선의였다"라고 말했다.

아무튼 기업가들은 점점 더 대형 투자에 대해서 보수적인 입장을 취하게 될 것이다. 투자 기회의 부족이라는 이유도 있겠으나, 투자 이익은 주주와 함께 나누어도 투자 실패의 책임은 결정권자에 주어진다는 사실을 깨우치게 되면서 자신의 행동을 수정하게 될 것이다.

그런 상황에서 누가 위험을 감당하려 하겠는가?

현금 중시 경영의 복귀라는 대세를 충분히 인정하더라도 한국 사회가 전반적으로 '리스크 회피(risk-aversion) 사회'로 가고 있음을 부인할 수 없다. 그런 움직임을 되돌릴 수 있는 가능성은 현재로서는 그다지 높아 보이지 않는다.

'위험이 없다면 과실도 없다'는 평범한 진리와 리스크를 기꺼이 안으려는 사람들이 현대판 모험가이자 영웅이라는 사실을 알아차리는 데는 무척 긴 시간이 걸릴 것이다.

4 더 이상 '우리'는 없다
한국의 현재

한번 조국은 영원한 조국인가

사람들은 어떤 대상에 막연히 감정적인 애착을 갖고 소속감을 느낄 때가 많다. 고향, 모교, 조국 모두가 그런 대상이 될 수 있다. 아마도 이 책의 주요 독자들은 젊은 세대에 비해 고향이나 모교, 조국에 좀더 강한 애착을 가진 세대일 것이다. 그리고 그런 관계를 영속적인 관계로 받아들인다. 이를테면 '이 땅에 태어났기에 한번 조국은 영원한 조국이다'라고 생각한다.

그러나 앞으로는 영속적이라고 여겨졌던 관계들을 새롭게 이해하려는 사람들이 점점 늘어날 것이다. 경제적으로 여유가 있고 해외로 나갈 기회가 많거나 외국 문물을 자주 접촉하는 계층 가운데 특히 그런 이들이 늘어날 전망이다. 그들은 자신이 태어난 곳을 객관적으로 바라보고, 자신이 사는 사회를 여러 면에서 비교하게 될 것이기 때문이다.

이같은 현상은 정치적 지형의 변모에 따라서도 큰 영향을 받으리라고 본다. 진보적인 색채를 가진 사람들의 목소리가 커지고, 그들의 정치적 영향력이 제도 변화라는 모습으로 드러나게 되면, 여유 있는 계층 사이에 이같은 현상은 소리 없이 확산될 것이다. 결국 그들은 공동체의 운명에 대해 과거처럼 큰 관심을 갖지 않을 텐데, 필요하다면 언제라도 삶을 꾸려가는 장소를 바꿀 수 있다고 생각하기 때문이다. 그렇다고 해서 그들이 모두 이민을 선택하지는 않겠지만, 준 이민 상태로 살아가는 사람들은 계속 늘어날 것이다.

공동체에 대한 귀속감이 떨어지면 공동체를 위한 기부나 자선도 줄어들 수밖에 없다. 익숙하기 때문에 조국에서 살아가긴 하지만 자신이 머물고 있는 사회란 선택 가능한 장소 중 하나일 뿐, 납세나 군 복무 같은 최소한의 법률적 의무를 넘어 어떤 도덕적인 의무감을 느끼지 않는 사람들이 꽤 늘어날 전망이다.

보통 사람들은 여유 있는 그들에게 공동체의 이익과 이상을 위해 양보와 희생을 요구할지도 모른다. 하지만 그들의 마음을 쉽게 움직일 수는 없을 것이다. 사람의 마음속에서 일어나는 변화를 직접 측정할 수는 없지만, 사업가들이 이 땅을 떠나가거나 과거 열심히 하던 사업을 접어버리는 현상들을 보면, 그것은 어느 정도 추측 가능한 일이다.

과거에는 체면 등 타인의 시선을 어느 정도 의식했다. 그러나 이제 그들 중 상당수는 경제적 여력이 허락하는 한 자신들의 마음이 원하는 대로 행동하게 될 것이다. 어쩌면 '귀찮다. 그냥 내 재산을 나를 위해, 자식을 위해 사용하면서 살고 싶다'고 생각할지도 모른다. 프랑스의 지성 자크 아탈리가 내다본 미래의 모습이 이미 한국의 경제적인 상류층에서 일어나고 있다고 보면 된다.

　나 – 사람들은 과거나 다른 사람들에 대해 어떤 의무감을 갖지 않고 자기 자신만을 위해 살고 싶어한다.
　모든 것 – 여러 가지 대립되는 욕구 가운데 어느 한쪽을 선택하는 것이 아니라, 모든 욕구를 한꺼번에 또는 차례차례 충족시키지 못할 이유가 없다고 생각한다.
　어디에서나 – 이제 사람들은 운반 가능한 것들만 소유하면서 여행하고 즐기고 국경 없이 살고 싶어한다.
　당장 – 기다림·고생·절약·물려주기 따위는 이제 혐오스러운 말들이 되어버렸다.

　그러나 마지막 문장만큼은 한국인들에게 적용되지 않을 듯싶다. 한국인들은 더욱더 가족 중심으로 생각하게 될 것이다. 그래서 세상의 흐름을 이해하고 자신의 성공을 자식에게 고스란히 물려주는 일이 불가능하다는 사실을 누구보다도 잘 아는 사람들은, 일찍부터 한국의 교육 현실에 대한 생각을 정리하고 '교육 탈출(exodus)'을 시도할 것이다.
　반미 칼럼으로 필력을 자랑하다가 요직에 앉게 된 사람들이 자식은 미국에서 교육시키기 위해 심혈을 기울이는 경우를 본 적이 있다.

물론 순수한 개인적 선택에 어떤 평가를 내릴 수는 없지만, 그다지 유쾌한 경험은 아니다.

아이들의 교육을 외국에 맡긴 부모들이라면, 한국의 교육 제도에 대해 아무래도 관심이 떨어질 수밖에 없다. 자녀를 유학시키는 일은 교육의 문제이기도 하지만, 자신이 몸담고 있는 공동체를 바라보는 시각의 일면을 반영하고 있기도 하다. 유학 가는 아이들의 수가 점점 늘어난다는 사실은 단순히 교육문제에만 국한된 것이 아니라 그 이상의 의미를 지니고 있다.

해외로 해외로

나는 한국의 중·상류층에서 일어나는 또 한 가지 현상을 관심 있게 지켜보고 있다. 내수시장이 꽁꽁 얼어붙은 속에서도 외제 자동차에 대한 수요가 대단히 빠른 속도로 증가하고 있다는 사실이다. 게다가 해외에 나가 쓰는 돈의 액수도 국내의 불황과는 그다지 관계가 없는 것 같다. 예전 같으면 주위의 눈치를 보았을 법도 한데 말이다.

그러나 이제는 다르다. 앞으로 '내가 번 돈, 내가 쓰겠다. 더 이상 이런저런 일에 신경을 쓰고 싶지 않다. 그냥 내 방식대로, 내가 좋아하는 대로 살아가련다'는 내면의 목소리에 충실하게 살아가는 사람들이 점점 늘어나게 될 것이다. 이들의 지극히 개인주의적이고 가족 중심적인 성향은 그들의 사회활동이나 사업에 영향을 미치게 될 것이다. 생산적인 비즈니스에 대한 욕구는 줄어드는 반면 골치 썩이지 않고 돈을 굴리는 일에는 더욱 몰입하게 될 것이다. 그런 기회가 얼마든지 주어질 것이기 때문이다.

한국이란 공동체에서는 이제 '우리'라는 개념을 재해석하는 일들이 조용히 이루어지고 있다. 사람들은 사회적 신분이나 지위보다는 경제력을 중심으로 동질성을 갖기 시작했으며 계층 간 심리적, 정서적 간격은 점점 넓어지고 있다. 같은 언어를 사용하고, 동시대에 같은 땅 위에서 살고 있지만 공유할 수 있는 부분은 거의 남아 있지 않다. 물론 앞으로 10년 동안은 이런 일들이 커다란 사회적 이슈로 부각되지는 않겠지만, 차츰 심화되어 갈 것이 분명하다.

한편 30대 전후의 프로페셔널들은 조국에 대한 애착이나 감정을 털어버리기에 훨씬 손쉬운 세대다. 전문적인 기술과 외국어 소통 능력을 가진 이들 사이에서 삶의 질과 자녀 교육 때문에 거주지를 옮기는 것은 보편적인 일이 될 것이다. 유능하고 젊은 프로페셔널들은 굳이 생물학적 조국과 운명을 같이할 이유가 없다고 생각할 테고, 이미 자리를 잡은 세대들과는 달리 살아갈 날이 길다고 생각하기 때문에 이민을 선택할 가능성이 높다.

더욱 매력적인 국가를 향한 두뇌 유출은 한국의 상황이 크게 호전되지 않는 한 가속화될 수밖에 없다. 이런 현상은 20대 젊은이들에게까지 확산될 듯하다. 대학생이나 직장에 갓 들어온 젊은이들도 유학을 준비하듯 이민을 준비할 것이다.

또한 조기 유학 세대가 본격적으로 배출되기 시작하면서부터는 프로페셔널리즘과 능숙한 언어를 바탕으로 세계를 누비는 코리안들이 증가할 것이다. 그들은 다중언어와 다중문화 능력을 갖추고 모국과 전 세계를 연결하는 교량 역할을 담당하게 될 것이다.

같은 공동체에 살면서도 '우리'는 또다른 '우리와 그들'로 분화되는 일들이 이루어지고 있다. 과거에는 분명 '우리'라는 의미가 지금보다는 훨씬 강했다. 생물학적 조국에 대해 나름대로 입장을 정리한 사람들 중 상당수는 규모 있는 사업을 일으켜 고용을 창출할 수도 있었던 사람들이다. 이들 속에 이미 일어나고 있고, 앞으로도 더욱 심화될 변화를 그냥 넘겨버릴 수만은 없다. 그들의 마음가짐과 태도는 한 사회의 역동성에 큰 영향을 미치기 때문이다.

5 약진하는 진보 진영
한국의 현재

평등한 세상이라는 이상주의

지금 한국은 상류층으로 올라가는 중산층보다 절대 빈곤층으로 떨어지는 중산층이 훨씬 더 많다. 실업, 카드 빚 등에 의한 이혼과 별거로 가정이 해체되면서 전체 아동 1,157만 명 가운데 8.6%에 해당하는 100만 명 정도가 가난 때문에 정부의 보호를 필요로 하는 것으로 알려져 있다. 이같은 수치는 날로 확대되는 우리 사회의 양극화의 단면을 보여주는 하나의 예에 불과하다.

앞으로 빈부격차는 점점 확대될 것이다. 또한 시장에 내놓을 만한 '그 무엇'을 갖지 못한 다수의 절망감과 체념의 골은 점점 깊어갈 것이다. 경제 규모를 계속해 키워나갈 수 있다면 이들의 체념과 소외감을 어느 정도는 달랠 수 있겠지만, 낮은 성장과 경기 침체가 수시로 반복된다면 이들의 삶은 더욱 곤궁해질 수밖에 없다. 과거에는 양극화가 주로 공업구조나 지역간 불균형에 국한되어 있었지만, 외환위기 이후로는 산업·기업·사람·지역 등 전 영역에 걸쳐 확산되고 있는 추세이다.

이런 상황에서 앞으로는 '가진 자(to have)'와 '갖지 못한 자(not to have)' 사이의 간격을 파고드는 사람들이 더욱 많이 등장할 것이다. 빈부격차를 이용해 대중의 환심을 사야 하는 사람들에게 향후 10년간은 좋은 시절이 될지 모른다. 본래 인간이란 사실을 믿는다기보다 사실이기 바라는 것을 믿는 경향이 있기 때문에, 평등한 세상에 대한 꿈을 파는 사람들은 앞으로 정치적 영향력을 꾸준하게 확대할 수 있을 것이다. 순수한 진보 정당이 새로 결성되기도 하겠지만, 기존 정당에서도 진보적인 경향을 띤 사람들의 영향력과 발언권이 더욱 커질 전망이다.

진보가 그리는 세계는 모두가 평등한 세상이다. 누구나 인간다운 삶을 살아갈 권리를 갖고 있다고 생각한다. 그렇다면 인간다운 삶을 실현할 주체는 누구인가? 진보적 세계관을 가진 사람들은 그 해답을 시장에서 찾는 것이 아니라, 정치에서 찾는다. 정치를 통해, 가진 자와 그 주변부 사람들로부터 다양한 수단으로 돈을 갹출해 가난하고 소외된 사람들에게 나누어주는 것이야말로 공정한 일이라고 생각한다. 그리고 자신들이 정치권력을 장악하면 원하는 사회를 만들 수 있다고 믿는다.

인생을 통해 산전수전을 경험한 세대들 가운데 대다수는 이런 이상주의를 믿지 않는다. 이들은 공산주의와 사회주의의 몰락을 지켜본 사람들이다. 이들은 진보가 무엇인지 보수가 무엇인지 잘 알지 못하지만, 지금보다 훨씬 척박한 상황에서도 가족의 생계를 해결해 오면서 '자립' 혹은 '자립자존'을 체득한 사람들이다.

그래서 이들은 소외된 사람들이 무슨 단체를 만들어 잘사는 사람들 집 앞에 몰려가 춤판을 벌이는 일들을 도저히 이해할 수 없다고 말한다. 그럴 시간이 있으면 스스로 노력을 더 해야 한다고 생각하기 때문이다. 이렇듯 이론이 아니라 실천을 통해 보수적인 세계관을 갖고 사는 세대들은 그러나 이미 한국 사회에서 정치적 영향력을 발휘할 수 있는 주류가 아니다.

사회주의나 공산주의만큼 평등한 세계가 또 있을까? 하지만 그것은 실패했다. 진보적인 세계관을 가진 사람들은 실천 과정에서 다소 문제가 있었을 뿐 그 정신만은 높이 살 만하다고 일축해 버린다. 그래서 그들은 더욱 확신을 갖고 진보가 그리는 세계를 이 땅에 꽃피우기 위해 헌신하고 있다.

오늘날 복지 정책의 근간을 의미하는 '최저 수준'이라는 용어는 영국의 위대한 수상 윈스턴 처칠이 생각해 낸 것이다. 그는 수상이 되기 전 상원의원이었던 시절에 시봄 라운트리의 『빈곤: 도시생활 연구』와 홉슨의 『빈곤문제』를 읽고 깊은 영향을 받았다. 그러나 그는 빈곤한 사람들을 위해 '안전망의 그물코(the meshes of our safety net)'라는 표현을 사용하긴 했어도 결코 평등을 지향하는 사회주의자의 대열에 서지 않았다. 그는 당시의 보수주의자들로부터 급진주의자라는 혹평을 받았지만 사회주의 이상이 가진 혁명적인 요소에 사람들이 점점 열정을 쏟는 것을 염려했다.

처칠은 제2차 세계대전 이후 노동당이 사회주의 이념을 확장하기 위해 본격적으로 공세를 취하자 이에 맞서 사유재산권과 사기업을 옹호하는 투사가 되기도 하였다. 그가 1908년에 행한 연설을 살펴보도록 하자.

사회주의는 부유한 자를 끌어내리려 하나 자유주의(다른 이름으로, 보수주의)는 가난한 자를 끌어올리려 한다. 사회주의는 개인의 이익을 파괴시키려 하나 자유주의는 개인의 이익을 공적인 권한과 조화시킴으로써 오히려 보호하는 효과를 꾀한다. 사회주의는 기업을 죽이려고 한다. 자유주의는 특권과 편애의 질곡으로부터 기업을 구해내려 한다. 사회주의는 개인의 우선성이 극대화되는 것을 공격하나 자유주의는 많은 대중이 적어도 최저 수준을 유지하며 살아가는 것을 추구한다. 사회주의는 자본을 공격하나 자유주의는 독점을 공격한다.

극단적인 사회주의 정책을 쓰게 되면 나라 전체가 폭력적인 사회 투쟁에 휩싸일 것이며, 그렇게 되면 단 한 사람 분의 연금조차 마련할 수 없게 될 것이다. 미래는 우리의 것이다. 우리는 한편으로는 보수적인 것을 지향하는 무리와 한편으로는 혁명을 부르짖는 무리를 두고 그 가운데로 가는 길을 걸을 것이다.

지난 100여 년간 사회주의는 정치적으로나 학문적으로 그리고 현실적으로 충분히 검증을 받고 역사의 뒤안길로 사라졌다. 그러나 여전히 그 이념은 이 땅에서 굳건히 생명력을 유지하고 있다.

보수는 게임에 질 수밖에 없다

인간이란 본래 재산을 갖게 되면 과격해지지 않는다. 잃을 것을 갖게 되면 온순해지게 마련이다. 반면 재산을 갖지 않은 사람들은 절박하기 때문에 과격해질 가능성이 높다. 마찬가지로, 정치권력을 쥐는 게임에서 진보적인 세계관을 가진 사람들은 그렇지 않은 사람들에 비해 맹렬할 수밖에 없다. 그리고 어떤 종류의 게임에서든 보다 절박한 사람이 이기게 되어 있다.

반면 보수적인 세계관을 가진 사람들은 다양한 그룹으로 이루어져 있기 때문에 좀처럼 단결할 수 없다. 게다가 게임의 결과로 얻는 이익은 참가하지 않은 사람들과 나누어야 하지만, 지불해야 하는 비용과 위험은 고스란히 개인적인 부담으로 돌아오게 된다. 진보 진영과 보수 진영이 맞붙게 되면, 이변이 없는 한 보수 진영이 패배하게 되어 있다.

물론 진보 세력도 급진적인 사람들과 온건한 중도 노선의 사람들이 섞여 있지만, 좀더 평등한 세상을 만드는 데는 같은 의견을 갖고 있다. 그리고 그들에게 지지를 아끼지 않는 사람들은 부유하지 못한 다수의 사람들이다. 또한 진보 세력은 또다른 든든한 후원자들을 갖고 있다. 바로 1980년 이후 한국 사회에 착실하게 축적되어 온 사람들이다.

그 이름이나 목적이 무엇이건 다수의 시민단체에서 활동하는 사람들은 진보를 지지할 가능성이 높다. 우리는 어떤 사회적 이슈가 제기될 때마다 이름도 들어보지 못한 수많은 시민단체들이 일사불란하게 움직이는 광경을 목격하곤 한다. 한마디로 그들은 '연대(solidarity)'라는 용어를 좋아한다. '우리 모두 함께'라는 구호는 언제나 서민 대중들의 마음을 흔들어놓을 수 있다. 그들은 실체가 불분명한 '신자유주의'라는 용어를 자주 거론한다. 신자유주의에 맞서서, 다시 말하면 시장의 횡포에 맞서서 정의를 지켜야 한다는 논리를 펼치는 것이다.

진보 세력이 시민단체에서만 득세하는 것은 아니다. 지식인들, 이른바 교수들 가운데도 이런 견해에 동의하는 사람들이 많다. 그렇지 않은 사람들은 침묵으로 응대하지만, 진보적인 세계관을 가진 교수들은 현실 참여에도 적극적이다. 특정 사회적 이슈가 나올 때마다 그들은 함께 모여서 시국선언문 같은 형식으로 자신들의 정치적 견해를 밝힌다.

그뿐 아니다. 대안 언론으로 등장하는 각종 미디어들을 보면 어김없이 강한 진보적 색채를 띠고 있다. 인터넷이 네티즌에 미치는 영향력은 증대되었고, 그만큼 이들이 여론 형성에 이바지하는 힘은 매우 강하다.

유명한 영화인들이나 가수들도 자신의 세계관이나 정치적 입장을 작품 속에 드러내는 경우가 종종 있다. 얼마 전 어느 정상급 가수가 체제와 기업, 사업가를 신랄하게 비판하는 내용의 노래를 부르는 것을 보면서 의외라는 생각을 한 적이 있다. 시장경제를 통해 큰 혜택을 보는 사람들이 시장을 제어하는 활동에 나서는 것이다. 총선을 앞두고 영화인 300여 명이 진보 정당을 지지하는 선언문을 내기도 했는데, 그들은 지지선언문에서 '이제는 노동자, 농민, 서민의 이해를 대변할 정당'이 필요하다고 강력히 피력했다.

사법부라고 해서 예외가 아니다. 사법고시를 통과하고 다음 세대를 이끌어갈 사람들 중에서도 진보적인 세계관을 가진 이들이 많다. 그들 역시 사회적 이슈에 대해 집단적으로 자신들의 의견을 내놓곤 하는데 이는 하나의 사례에 불과하다. 세월과 함께 진보적 세계관으로 무장된 사람들이 사법부에도 착실하게 축적되어 왔다고 보면 된다. 앞으로 이들이 판결로 드러낼 자신의 세계관 역시 한국 사회에 커다란 영향을 미치게 될 것이다.

앞으로 우리는 어떤 변화를 겪게 될까. 우선 경제·정치·사회·외교·국방 등 모든 분야에서 평등을 위한 법안들이 행정부와 입법부의 합동 작전에 의해 속속 통과되는 장면을 목격하게 될 것이다. 문제는 이런 정책들은 대개 정치 원리에 충실하며, '법의 지배(the rule of law)'라는 원칙을 어기는 경우도 있으리라는 점이다.

정치 원리가 주도하는 사회에서는 필연적으로 경제 원리가 후순위에 놓일 수밖에 없다.

경제 원리를 무시하고는 그 무엇도 이룰 수 없다는 것이 지금 세상의 거대한 흐름이건만, 유독 우리만 좁은 한반도의 틀에 묶여 정치 원리에 의해 부를 나눠 갖는 게임에 몰두할 가능성이 높다. 평등한 사회를 만든다는 선의의 프로젝트에 드러내놓고 반대하는 사람들은 아마 수구 반동으로 간주될 것이다. 세월의 지혜를 가진 사람들은, 선의의 프로젝트가 그토록 보호하려 했던 이들을 오히려 중·장기적으로 가난하게 만드는 정책임을 알지만 이미 자신들은 소수로 전락해 버렸음을 깨닫게 될 것이다.

한국 사회는 외관상 자유시장경제를 유지하고 있지만, 내용상으로는 성장보다 분배를 중시하는 체제로 나아갈 것이다. 나누어 갖기 위해서는 결국 세금을 거두어들이는 길밖에 없다. 세원 확보를 위해 여러 가지 방법이 동원될 텐데, 역시 가장 좋은 세원은 소득이 확연히 드러나는 봉급생활자들이다. 물론 '부유세'처럼 획기적인 아이디어를 내놓는 사람들도 있지만 말이다.

또한 특정 목적의 비용을 기업이 부담하도록 하는 조치들도 생길 것이다. 아무튼 평균적으로 세금 부담이 높아지는 추세를 피할 수는 없다.

이렇게 해서 한국호는 평등 사회를 향해 나아갈지 모른다. 하지만 기존의 기업들은 떠날 것이며 돈을 가진 사람들은 이것저것 부담해야 하는 사회에서 더 이상 사업을 일으키지 않을 것이다. 그렇기 때문에 평등 지향적인 사회가 당면하게 될 전형적인 문제들을 한국 사회는 떠안게 될 것이다.

6 한국의 현재
제대로 된 시대정신이 없다

번영은 시대정신에 달려 있다

어떤 시대가 어느 정도의 성취를 이루어낼 수 있는지 전망하고 싶다면 그 시대정신을 지켜볼 필요가 있다. 시대정신은 사람들의 행동과 말을 고스란히 지배하기 때문이다.

어떤 개인은 요행에 의해서 자신이 원하는 삶을 살아갈 수도 있다. 그러나 그런 일이 일어날 확률은 매우 낮을 뿐만 아니라, 요행에 의존하기에 우리의 인생은 너무나 길다. 그래서 어떤 사람의 미래를 가늠해 보려면 그가 어떤 철학을 갖고 있는지 세심하게 살펴보면 된다. 그렇다고 그 사람의 머릿속 여기저기를 엿보기 위해 첨단 장비를 동원할 필요는 없다. 그가 어떤 언어를 자주 사용하는가, 그가 어떤 행동을 자주 보이는가를 살펴보면 그의 내면세계를 알 수 있다.

자조와 자립자존의 정신이 지배하는 시대는 번영을 구가한다. 위험을 무릅쓰고 계획하고 도전하며 결과에 책임을 지는 사람들이 다수를 차지하는 시대는 대단한 성장과 발전을 이룬다.

반면 성공은 자신의 공이지만, 불행은 다른 사람이나 사회구조 탓이라고 돌리는 사람들의 목소리가 커지는 시대가 있다. 그들은 때로 '속죄양'의 범주에 가진 자들, 많이 배운 자들, 기업가들을 포함시키기도 한다. 실업과 해고, 시장 개방에 대해서도 마찬가지이다. 준비하지 못한 자신을 질책하기에 앞서 실체가 모호한 신자유주의에만 책임을 돌린다. 툭하면 이런저런 대책을 세우지 못한 정부를 비난하기 쉽다.

시대정신은 한 사회를 번영의 길로 달려가게 하는 일종의 인프라스트럭처이다. 도로나 항만이 원활하지 못하면 자유로운 왕래와 물류의 소통이 지장을 받듯이, 시대정신도 마찬가지 역할을 한다.

산업화를 이루기 위해 뛰던 시절은 인권이나 민주화라는 측면에서 어두운 점이 있었던 것도 사실이지만, 분명 자조의 정신이 꽃을 피우던 시기였다. 그때는 '잘살 수 있다'거나 '할 수 있다'는 공감대가 시대를 지배하고 있었다. 그뿐 아니라 하나하나 성취해 가면서 많은 사람들이 '나도 할 수 있다'는 사실을 새삼 깨우칠 수 있었다. 누구에게든 이런 자각을 경험하는 순간은 무척 중요한데, 당시는 이런 자각이 사회적으로 확산되어 있었다. 이렇게 우리는 개인적인 자부심을 고양하고, 물질적인 기반도 어느 정도 축적할 수 있었다.

아무리 고상한 체하더라도 가난하면 할 수 있는 일이 별로 없다. 그런 속에서 스스로 가난을 물리치고 생활 기반을 잡으며 아이들을 키운 세대가 오늘날 이 사회의 나이 든 세대들이다.

아버지세대를 생각할 때마다 나는 가슴이 저며오곤 한다. 배움도 짧고 가진 것도 없는 상태에서 그들은 무에서 유를 창조했으며, 실천을 통해 인간의 삶이란 어떠해야 하는지를 보여주었다. 나는 어느 누구의 도움에도 의존하지 않고 자신의 책임하에 삶을 만들어가는 것이야말로 제대로 된 삶이라고 생각하며, 공리공론을 일삼고 말만 앞서는 사람들을 별로 높이 평가하지 않는다. 그것은 나의 아버지에게서 배운 철학이기도 하다.

전쟁의 폐허 위에서 삶의 터전을 만들기 위해 몸부림쳤던 아버지세대가 주류였던 시대엔 대다수의 성인들이 그런 생각을 가졌다. 그들은 생계를 위해 전쟁터에도 나가고, 열사의 사우디에도 갔으며, 침침한 갱도에서 지내야 하는 독일에도 갔다. 그렇게 그들은 자신의 운명을 개척해 왔으며 자유주의를 삶으로 체득해 왔다.

산업화 시기 동안 한국 사회에서 분출되었던 자조정신은 역사적으로 보면 대단히 예외적인 사건이었다. 한국 역사에서는 자조와 자립 자존의 정신이 보호받을 수 있는 때가 드물었기 때문이다.

조선은 이씨들을 위한 왕조였다. 백성은 가렴주구(苛斂誅求)로 도탄에 빠져 있는데 양반들은 실생활과 관련 없는 주자학으로 소일하던 시대였다. 특히 조선조 말기는 지식인이건 민중이건 생각 있는 사람들은 모두 절망과 체념에 빠져 있던 시대였다.

1884년부터 네 차례에 걸쳐 한국 땅을 밟고 전국 곳곳을 여행했던 버나드 비숍 여사의 기행문을 보면, 그 당시 능력 있는 개인에 대한 수탈은 일상적인 일이었음을 확인할 수 있다. 그녀는 한국인들이 가난한 것은 개인의 무능함 때문이 아니라 노력의 결실을 자신의 것으로 거두어들일 수 없는 구조 때문이라고 보았다.

한국인은 게을러 보인다. 나는 정말로 그렇다고 생각했다. 그러나 그것은 자신의 노동으로 획득한 재산이 전혀 보호받지 못하는 체제 아래 살고 있었기 때문이다. 이를테면 누군가 '돈을 번' 것으로 알려지거나, 심지어 사치품인 놋쇠그릇을 샀다는 것만 알려지면 근처의 탐욕스러운 관리나 그의 앞잡이로부터 주의를 받거나 양반으로부터 대부를 갚도록 독촉당하는 식이었다.

근사한 기후, 풍부하지만 혹독하지는 않은 강우량, 기름진 농토, 내란과 절도가 일어나기 힘든 교육. 한국인은 영원히 행복하고 번영할 민족임에 틀림없다. '협잡'을 업으로 삼는 관아의 심부름꾼과 그들의 횡포, 관리들의 악행이 강력한 정부에 의해 줄어들고 소작료가 적절히 책정되고 수납된다면 반드시 그럴 것이다. 나는 한국의 농부들이 일본 농부처럼 행복하고 근면하지 못할 이유를 전혀 알지 못한다. 다만 여기에는 중요한 단서가 있다. 그것은 내가 누누이 강조했듯이 '생업에서 생기는 이익을 보호해 주어야 한다는 것'이다.

여행자들은 한국인의 게으름에 대해서 많은 생각을 한다. 그러나 러시아령 만주 한국인들의 활력과 근면함, 검소하고 유족하며 안락한 가정을 보고 난 후에 나는 기질문제로 오해받는 것이 아닌가 하는 생각이 들었다. 모든 한국사람들은 가난이 최고의 방어막일 뿐, 최소한의 음식과 옷 외에 자신이 소유한 것은 탐욕스럽고 부정한 관리들에게 빼앗길 거라는 사실을 알고 있다.

한국인의 활력과 활달함은 노력의 대가를 자신의 것으로 보호해 주는 것만으로도 충분히 유지할 수 있었다는 대목이 인상적이다. 이렇듯 시대정신은 홀로 존립하는 게 아니라 보호되고 만들어지는 것이다. 비숍 여사는 자신의 기행문을 이렇게 끝맺는다.

시베리아의 한국 남자들에겐 고국의 남자들이 갖고 있는 그 특유의 풀죽은 모습이 없다. 토착 한국인의 특징인 나태한 자부심, 자기보다 나은 사람에 대한 노예근성이 주체성과 독립심, 아시아인의 것이라기보다는 영국인의 것에 가까운 터프한 남자다움으로 변했다. (중략) 그들에겐 돈을 벌 수 있는 기회가 있었고 만달린이나 양반의 착취는 없었다. 안락과 어떤 형태의 재산도 더 이상 관리들의 수탈 대상이 되지 않았다.
한국에 있을 때 나는 한국인들을 세계에서 가장 열등한 민족이 아닌가 의심한 적이 있고 그들의 상황을 가망 없는 것으로 여겼다. 그러나 이곳 프리모르스크에서 내 견해를 수정할 상당한 이유를 발견하게 되었다.
이곳에서 한국인들은 번창하는 부농이 되었고, 근면하고 훌륭한 사람들로 변해갔다. 이들 역시 한국에 있었으면 게으르고 방탕했으리라는 점을 명심해야 한다. 이들은 대부분 기근으로부터 도망쳐 나온 배고픈 난민에 불과했다. 이들의 번영과 행동은 조국에 남은 한국인들도 정직한 정부 밑에서 그들의 생계를 보호받을 수만 있다면 진정한 의미의 '시민'으로 발전할 수 있을 것이라는 믿음을 주었다.

자조정신이냐 '나눠 먹기' 정신이냐

영국 역사상 최고의 번성기였던 19세기의 64년간 재임한 빅토리아 여왕(1837~1901)은 한 시대에 자신의 이름을 붙일 수 있었다. 그때를 빅토리아 시대(Victorian Age)라고 부를 수 있는 것은 당시 사회 구성원들이 동일한 가치관과 풍조를 공유하고 있었기 때문이다. 『영국사』를 집필한 박지향 교수는 빅토리아 시대를 지배했던 가치관의 특징을 이렇게 이야기한다.

첫째, 중간 계급으로부터 나와 전 사회로 전파된 가치관이 계급 갈등을 완화하고 화해로 나아가는 기제가 되었다.
둘째, 사람들은 빈부를 막론하고 물질적이고 경제적인 진보뿐만 아니라 정치적이고 도덕적인 진보에 대해 강한 신념을 갖고 있었다.
셋째, 사람들은 개인주의에 강한 신념을 갖고 있었으며, 개인주의는 경쟁과 자조를 기반으로 하고 있었다.
넷째, 사람들은 자신이 하기에 따라서 얼마든지 사회적 신분이 상승할 수 있음을 믿었다.

경제적, 사회적, 정치적으로 보장된 완벽한 자유 아래 이기심을 가장 합리적으로 추구하는 것은 개인의 최선의 길일 뿐 아니라 최대 다수의 최대 행복을 산출하는 가장 좋은 방법이라는 것이었다. (중략) 빅토리아인들은 경쟁이 생산과 효율을 최대화한다고 믿었는데, 무엇보다도 중간 계급은 지주층의 낡은 관행인 태생과 후견, 국가 보조를 거부하고 개인의 독립·의무·자존심·사회적 상승의 욕구 등을 강조하였다.

요컨대 빅토리아 왕조의 시대정신은 자조였으며, 그 시기 영국은 '해가 지지 않는 나라'라는 찬사를 받을 만큼 번영을 구가했다. 그 시대의 정신을 압축해 빅토리아 정신(빅토리아 여왕의 자본주의, 도덕주의, 민주주의를 묶어서 하나의 사상적 조류로 지칭한 말)이라 일컫는데, 이에 대해 오늘날까지 널리 알려진 책은 1859년에 초판이 나온 새뮤얼 스마일스의 『자조론』이다(한국에는 『인생을 최고로 사는 지혜』라는 제목으로 번역되어 있다).

반면 영국이 제일 침체됐던 시기는 제2차 세계대전 이후 복지 정책이 화려하게 실험되던 때이다. 자조의 정신에 반대되는 '나눠 먹기의 정신'이 지배하던 시기로 영국은 실업자 수 110만 명, 이자율 12%, 물가상승률 13.4%의 '병들고 늙은 제국'에 불과했다. 그칠 줄 모르는 노사분규와 국가의 역량을 벗어난 사회보장 제도 안에서 어느 누구도 헌신적으로 일하지 않았다. 일과 위험은 내가 감수하면서 높은 세금으로 나누어 먹기가 성행하는데 누가 치열하게 일을 하려 들겠는가? 그러나 어떤 정치인도 뿌리 깊은 영국병을 치유할 수는 없었다.

영국병을 치유한 정치인은 1979년 5월 3일 수상에 오른 마거릿 대처였다. 대처는 세금을 낮추고 노동조합의 습관적인 시위로부터 법질서를 확보하기 시작했다. 그녀는 무엇보다 국민들이 스스로의 삶을 위해 땀 흘려 일하기를 요구했다. 대처는 자조와 자립의 정신을 강조하기 위해 "단 1페니도 하늘에서 그냥 떨어지는 법은 없다. 스스로 벌지 않으면 얻을 수 없다"는 말을 자주 사용하곤 했다.

대처는 숱한 어려움을 극복하고 자신의 방식대로 경제를 바꿔 영국을 부활시킬 수 있었는데, 그것을 가능하게 한 것은 어린 시절부터 부모에게 배운 빅토리아 정신이었다.

"제가 선거 때 호소한 정신은 결국 어렸을 때 아버지께서 가르쳐주신 것(빅토리아 시대의 미덕인 소박하고 정직한 태도, 자조정신과 약자에 대한 보살핌의 정신)이었습니다."

대처 수상에 의한 개혁이 시작되기 전까지만 해도 영국은 병들어 있었으나 1990년 11월 그녀가 사임할 때, 영국 근로자의 평균 연봉은 5,427파운드에서 1만 5,252파운드까지 올라 있었다. 그러나 더욱 중요한 것은 그녀가 영국의 시대정신을 재구축했다는 사실이다.

서울대 폐지론의 함정

시대정신이란 면에서 한국 사회의 현주소는 무엇인가? 앞으로 어떻게 변화할 것인가? 입으로는 자율과 개방, 경쟁을 외치지만 실제로는 평등과 나눠 먹기가 의식과 행동을 지배하고 있다. 세계경제는 이미 끊임없는 적응을 요구하고 있지만, 이에 걸맞는 생활철학을 갖고 살아가는 사람은 다수가 아닌 듯하다.

끊임없는 적응을 요구받고 있다는 점에서는 어떤 업종이건 예외가 없다. 하지만 몰락하는 산업의 운명에서 자신만은 예외로 간주해 달라는 사람들이 여전히 많다. 특히 수적으로 많은 경우 언제든지 집단을 구성해 시위를 할 수 있고, 그 다음에는 상응하는 혜택을 얻게 된다. 그들이 받는 보조금이란 결국 누군가의 세금일 것이다.

치열하게 경쟁하고, 그 결과로 차별화되는 것은 너무나 당연한 일이지만 이를 받아들이지 못하는 예가 발생하고 있다. 일종의 해프닝 정도로 받아들일 수도 있으나 한국 사회가 어떤 상황에 처해 있는가를 진단하는 데 도움을 주기도 한다.

정부가 '학벌주의 극복 대책'이란 것을 내놓아 논란을 불러일으킨 적이 있다. 입사지원서에 학벌 게재란을 없애고, 국립대학 법인을 만들고, 정부 시험에서 지방대학 출신을 일정 비율 이상 의무적으로 뽑는다는 내용이었다. 어느 관계자는 '학벌에 따른 차별을 시정하라'는 윗분들의 의중을 반영한 정책이라고 말하기도 했다. 그러나 학벌의 차이가 왜 비난받아야 하는지 이해할 수가 없다. 열심히 공부하고, 자신의 능력과 성적에 맞는 학교에 가는 것은 정당한 일이 아닌가?

학력 차별을 유발한다고 해서 서울대를 없애려는 고민을 할 게 아니라 서울대를 능가하는 학교를 더 만들려는 노력을 해야 하지 않을까. 하버드대를 부러워하며 우리도 그런 학교를 가질 수 없을까 고민하는 사람이 다수인 사회와, 이미 갖고 있는 명문대조차 없애버리려는 사회는 과연 어떻게 다른 운명을 겪게 될까.

얼마 전 모 교원단체의 웹 사이트를 방문해 '공교육 종합개편안(기본안)'이라는 것을 본 적이 있다. 그곳에서는 서울대 폐지 등 학벌 차이를 완전히 없애버리는 방법들이 논의되고 있었는데, 고등학교도 모자라 대학까지 범위를 넓히는 평등화 추구의 열망이 매우 강하게 느껴졌다. 그들이 주장하는 내용을 옮겨본다.

- 전국의 국공립대학은 대학별 전형을 폐지하고 통합 전형을 실시

현재 대학의 서열은 대학의 학문의 질이 아니라 입학생의 성적순에 의해 결정되므로 대학 서열을 타파하기 위해 입학생의 성적 차이를 없

앤다. 이를 위해 국공립대학이 각 대학별로 제각각 학생을 선발하는 것이 아니라 국공립대학 총 정원 기준에 의해 학생을 선발하는 방안이 바로 통합 전형. 국립대학 총 정원을 기준으로 입학생을 결정하여, 희망에 따라 각 지역의 국공립대학에 학생을 배정.

- 국공립대학 공동 학위제와 서울대 학부 폐지

각 국립대학 학생들의 학점은 입학한 캠퍼스에 두더라도 모두 동일한 '국립대학 학위'를 수여. 학생들은 학점을 교류하며 교수 상호 교환 제도를 도입. 소수 권력 집단의 생산소로 전락한 지금의 서울대 개혁의 첫 번째 단추는 '서울대' 졸업장을 주지 않는 데 있음. 우선적으로 전국의 국립대학 학생들에게 서울대학교의 학부 과정을 개방하고, 그것이 안착되면 점차 모든 대학으로 확대 개방.

그러잖아도 지난 30여 년간 이루어져 온 하향 평준화의 폐해가 사회 곳곳에 미치고 있다. 여러 가지 정보를 얻을 수 있다는 점에서 학생들이 똑똑해졌는지는 몰라도, 사물과 현상을 깊이 사유할 수 있는 능력은 과거에 비해 뒤떨어져 있다.

개인주의는 없고 이기주의만 남은 현실

다름에 대한 인정과 관용은 또 어떤가. 학교는 사회의 거울이다. 학교만 독립된 성채로 남아 있을 수는 없다. 잊혀질 만하면 어김없이 발생하는 교내 폭력을 보면 우리 사회의 한 단면과 마주치는 것 같다. 개인주의라는 거창한 단어를 끌어오지 않더라도, 타인에 대한 폭력은 있을 수 없는 일이다. 다양성을 인정하고 관용을 베푸는 분위기는 젊은 세대라고 해서 크게 나은 것 같지 않다.

인터넷에 접속해 보면, 전쟁터를 방불케 한다. 공격적이고 폭력적인 언어 사용은 매우 일상적이며, '왕따'와 몰매가 성행하고 있다. 나와 다름을 인정하지 않는 것이다. 의견이 다른 사람에게 떼를 지어 몰려가 욕설을 퍼붓는 일은 또 하나의 폭력이지만 그것은 아무 죄의식 없이 일어나고 있다.

자신을 아끼듯 남을 존중하는 성숙하고 건강한 개인주의는 자기 운명에 대해 스스로 책임을 지는 자세에서 비롯된다. 개인주의는 오늘날과 같이 다양하고 변화무쌍한 시대에 꼭 필요한 생활철학이며, 그런 철학이 시대정신으로 뿌리내리지 못한다면 우리는 늘 외부에서 불행의 원인을 찾게 된다.

개인주의란 자립자존의 정신이지만 젊은 세대들에게서 그런 철학을 발견하기는 쉽지 않다. 감각적이고, 감성적이며, 똑똑한 젊은이들은 자신을 개인주의자로 간주하지만 그것은 개인주의라기보다 이기주의일 것이다. 게다가 젊은이들은 사회적인 이슈에 관해 깊은 고민을 하거나 세계관을 정립하는 노력을 기울이는 데 소극적이기 때문에 이성이 아니라 본능에 의지하기 쉽다.

문제는 사회적인 이슈에 관한 잘못된 선택으로 자신이 부담해야 할 몫은 상당한 시간이 흐른 후에 간접적으로 발생하게 된다는 점이다. 젊은이들에게 이성의 힘을 갈고 닦아야 할 인센티브가 별로 없다는 말이다. 그래서 본능에 호소하는 평등 지향적 이념에 상당 기간 동조할 가능성이 매우 높다. 정치적인 견해를 두고 아버지 세대와 자식 세대 간 다툼이 늘어나고 있는 현상을 보면 변모되어 가는 한국 사회의 지형을 확인할 수 있다.

한국은 자립자존을 시대정신으로 채택할 수 있을 것인가? 사상적으로도, 우리는 자립자존의 정신을 지탱하는 개인주의와 자유주의의 뿌리가 없다고 해도 과언이 아니다. 우리 역사에서 개인이라는 개념이 등장한 지는 얼마 되지 않는다. 자유주의에 대한 연구 역시 매우 드문 실정이다. 그런 사상을 체계화하고 연구하는 학자는 소수 가운데 소수이다.

한국에서 건강한 개인주의자, 자유주의자로 살아가는 일은 여간 어렵지 않다. 우리는 도로와 항만을 건설하는 일에 전력을 기울여왔지만 본능을 이성으로 깨우치는, 정신적인 도로와 항만 건설에는 거의 신경을 쓰지 못했다. 그런 선택의 결과를 우리는 두고두고 경험하게 될 것이다.

7 위험한 민중주의의 유혹
한국의 현재

다수의 이름으로, 본능에 호소하는

월드컵의 열기가 온 나라를 휩쓸어 붉은 악마들의 함성이 드높을 때 나는 한편으로 자부심을 가졌지만 다른 한편으로는 걱정을 했다. 그 힘은 건설적으로 사용될 수도 있지만 대단히 파괴적으로 사용될 수도 있으리라 생각했기 때문이다. 내가 걱정한 것은 대중의 결집력이 민중주의(populism)로 변질될 가능성이었다.

한국의 앞날을 내다보고 싶다면 급속히 부상하는 위력적인 민중주의를 예의주시해야 할 것이다. 민중주의의 본질을 꿰뚫고 그 폐해를 일찍부터 경고해 온 사람은 복거일 씨다. 그는 『민중주의를 막아내는 길』이라는 책에서 우리 사회의 앞날을 이렇게 우려하고 있다.

우리 사회가 근년에 보인 '좌경화'는 실은 민중주의의 득세다. 그리고 그런 현상은 대학에 다닐 때 마르크스주의에 깊이 젖은 세대들이 지금 우리 사회의 핵심 세대들이어서 가장 활발하게 움직인다는 사실에서 나왔다. 마르크스주의는 본질적으로 단순주의적 이념이다. 그것은 이 세상을 아주 단순화시켜서 파악하고 아주 또렷하게 설명한다. 그리고 그런 설명을 외치기 좋은 구호들도 만들어서, 신봉자들에게 그런 구호들에 따라 행동하라고 요구한다. 자연히, 마르크스주의는 이 세상을 이해하는 데 지적 투자를 많이 할 수 없는 사람들을 끌어 모은다. 로버트 노직이 지적한 것처럼, '마르크스주의 착취는 주로 사람들의 경제학에 대한 무지의 착취였다.'

마르크스주의에 바탕을 둔 '공산주의의 실험'이 참담한 실패로 끝난 지금, 누구도 마르크스주의 정책들을 드러내놓고 추구할 수는 없다. 그렇다고 해서, 세상을 바라보는 틀을 갖추는 젊은 시절에 마르크스주의에 깊이 젖은 사람들이 뒤늦게 마르크스주의적 세계관을 버릴 리도 없다. 그런 상황에서, 단순주의적 세계관이라는 점에서 마르크스주의와 동질성을 지닌 민중주의는 그들에게 매력적으로 다가올 수밖에 없다.

본래 사회문제란 그렇게 단순화할 수는 없는 일이다. 문제의 원인과 앞뒤를 찬찬히 따져봐야 하고 어떤 선택이 끼치게 될 간접 효과를 충분히 고려해야 한다. 한마디로 '쿨'하게 문제를 접근해야 하지만, 다수의 사람들에게는 그런 여유가 없다. 특히 젊은이들은 자신의 미래에 두고두고 영향을 미칠 상황조차 요모조모 따지고 전후 사정을 파악한 다음 판단하기가 쉽지 않다.

특히 시장과 관련된 직간접적인 정책은 일반인들이 특별한 노력을 기울이지 않는 한 좀처럼 이해하기 어렵다. 쌀 개방으로 농민이 어렵기 때문에 쌀시장을 보호해야 하고, 농민들에게 보조금을 지불해야 한다는 단순한 논리가 전후 사정을 충분히 살핀 논리보다 대중들의 지지를 받을 가능성이 더 높다. 전자가 우리의 본능이나 직관에 더 맞기 때문이다. 그래서 직접 그 효과를 확인할 수 없고, 여러 사람에게 효과가 나누어지는 정책인 경우 사람들은 본능이 원하는 대로, 막연히 감이 느껴지는 대로, 구호가 지시하는 대로 따르게 된다. 복거일 씨는 이렇게 경고한다.

지금 우리 사회에서 민중주의적 정책들이 불러오는 비효율은 엄청나며, 이런 비효율을 줄이지 않고서는 우리 사회의 빠른 발전을 기대할 수 없다. 불행하게도, 그 이름에서 예상할 수 있는 것처럼, 민중주의는 늘 인기가 높다. 그것은 민중이 큰 관심을 가진 문제들은 논점으로 삼고, 그 문제들에 대해서 간단하고, 또렷하고, 이해하기 쉽고, 직관에 맞는 정책들을 내놓는다. 무엇보다도, 그런 정책들은 구호들로 표현하기에 아주 좋다.

보통 사람이라면, 사회 현상을 제대로 이해하기 위해 자신에게 투자를 할 만한 인센티브는 거의 없다. 만일 여러분이 주식 투자를 하고 있다면, 이것의 원리를 이해하기 위해 시간을 들이고 돈을 투입할 것이다. 그런 투자는 직접 이익을 가져다주기 때문이다. 하지만 특정 정책의 옳고 그름을 이해하기 위해 시간을 투입할 여력은 거의 없다.

세상에 대한 이해의 폭을 넓히기 위해 자신의 생각을 가다듬는 일에 시간과 돈을 들이는 일은 더더욱 어려울 것이다.

우리 사회는 차분히 읽고, 생각하고, 자신의 세계관을 만들어가는 그런 분위기는 아직 아니다. 그냥 세상이 흘러가는 대로, 다른 사람들이 믿는 대로 따라가는 분위기가 지배적이다. 게다가 보통의 한국인들은 자기주장이 무척 강한 편이고 좀처럼 타인의 이야기에 귀를 기울이지 않으며 어떤 권위도 잘 인정하지 않는다. 이런 현상은 근래에 들어서 더욱 심해지고 있다.

특정 사회 이슈가 현안 과제가 되면 논리나 사실, 지식을 갖고 대응하는 것이 아니라 직관과 감정 혹은 감성이 훨씬 큰 역할을 한다. 막연하게 생각한다든지, 아마도 그럴 것이라는 것에 근거해 자신의 주장을 여과 없이 드러낸다. 게다가 직관, 감성, 감정에 적과 아군을 나누는 이분법까지 더해진 사람들은 함께 모이는 데 과거처럼 시간과 비용이 많이 들지 않는다. 인터넷을 통해 공감대를 나누는 사람들끼리 사회 이슈에 대해 과감하고 용감하게 발언할 수도 있다.

흔히 '이성은 정념의 노예다'라는 표현이 있지 않은가? 타도해야 할 적이나 상대방이 명확하게 되면, 일단 무리를 이룬 사람들은 목표를 달성하기 위해 자신의 행동을 합리화할 수 있는 어떤 종류의 논리도 생산해 낼 수 있다.

정치인은 민중주의를 먹고산다

나는 앞으로 정치적 야심을 가진 사람들이 사회적 문제에 대해 특별히 투자할 시간을 갖지 못한 사람들을 적극적으로 이용하리라고 본다. 물론 그들은 이용이라는 말을 절대 입에 담지 않을 것이다.

세월과 함께 이런저런 경험을 한 나이 든 세대들은 웬만해서는 감언이설에 속지 않을 것이다. 그들은 정치인의 입에서 나온 이야기를 액면 그대로 믿을 수 없다는 사실을 경험을 통해 이미 배운 사람들이다. 그래서 그들을 단순한 구호나 슬로건으로 동원하기란 쉽지 않다.

하지만 젊은 세대들은 무척 좋은 동조자가 될 수 있다. 특히 젊은 이들은 인터넷에 익숙하다. 민중주의는 인터넷이라는 막강한 현대판 병기를 갖게 되었다. 일부 정치인들이 결코 이를 놓칠 리 없다. 인터넷이라는 장에서 사람들을 동원하는 데는 비용도 시간도 별로 들지 않는다. 게다가 대중의 심리를 파악하고, 그들을 움직이는 데 탁월한 능력을 가진 사람들은 자신의 경험을 상품화하는 데 발군의 능력을 발휘할 수 있다.

정치인들은 목적을 달성하기 위해 어떤 사건이나 현상의 한 측면만 지나치게 강조하고, 다른 모든 요소들을 완전히 배제해 버리는 전형적인 단순주의를 충분히 활용하게 될 것이다.

지난 3월 12일에 있었던 대통령 탄핵 사태만 해도 그들은 '의회 쿠데타'라 명명하며 단순주의를 활용했다. 게다가 텔레비전으로 방영된, 의사당 내부의 박해받는 소수 이미지는 이미 승자와 패자를 확연히 나누고 있었다. 야당은 그것을 뒤집기 위해 안간힘을 썼지만 탄핵에 따르는 모든 오명(汚名)을 덮어쓴 채 결국 무릎을 꿇고 말았다.

민중주의의 영향력은 더욱 증대될 것이다. 한번 허용한 권리를 빼앗는 것은 무척 어려운 일이다. 그렇기 때문에 권리를 양산하는 입법

과정은 신중해야 하거늘 그런 법안들이 속속 통과될 것이다. 또한 민중주의에 따른 정책은 대부분 반(反) 시장적이고, 고비용을 유발하는 것들이다. 경제의 역동성 저해라는 막대한 비용을 지불해야 하지만, 사회과학이 그렇듯 인과관계를 입증하기 어렵기 때문에 대중들의 잘못된 판단은 계속될 것이다.

나는 정치인들에게 큰 기대를 갖지 않는다. 그들 역시 사적인 이익에 크게 좌우되는 사람들이라 생각하기 때문이다. 물론 드물게 사적인 이익보다 공적인 이익을 우선하는 사람들도 있겠지만, 결코 다수라고 생각하지는 않는다. 그들은 모든 역량을 직위를 유지하고 정권을 쥐는 데 집중한다. 앞으로 이들은 민중주의를 이용할 것이다. 국민의 이름으로, 시민의 이름으로, 국익의 이름으로 여론을 의도대로 만들어낸 다음 수많은 정책들을 입법하게 될 것이다.

정치인들에게 기대할 게 별로 없다면, 민중주의의 유혹을 벗어날 수 있는 사람들의 양식과 지성에 기대를 걸 수밖에 없다. 하지만 민중주의를 막는 길은 참으로 험난하다. 민중주의적 주장은 감성과 직관에 호소하는 힘이 크기 때문이다.

특히 부를 창출하는 데 결정적으로 기여하는 소수에 대한 사회적 박해와 민중주의가 결합하는 경우를 걱정하지 않을 수 없다. 교묘하게 포장된 증오감은 민중주의의 도움을 받아 소수에 대한 공격을 지속하게 할 것이다. 창조적 소수는 다양한 분야에 존재하지만, 그들은 늘 수적으로 적다. 그리고 그들은 대개 다수와 다른 길을 걸어간다.

민중주의는 다수의 이익이라는 이름으로, 그럴듯한 구호나 슬로건을 걸고, 활발하게 펼쳐질 것이다. 다시 한 번 민중주의 앞날에 대한 복거일 씨의 이야기를 들어보자.

안타깝게도, 지금 우리 사회에서 민중주의를 막아내는 일은 겹으로 힘들다. 원래 민중주의란 큰 호소력을 지닌데다가 지금 우리 사회에서 가장 힘세고 목청이 높은 세대들이 민중주의를 따른다. 반면에, 다수에게 호소력이 큰 민중주의적 접근에 담긴 논리적, 사실적 오류들을 지적하고 민중주의적 처방이 불러올 문제들을 드러내는 일은 보답이 그리 크지 않고, 으레 도덕적 고지를 선점한 민중주의자들로부터 약하고 가난한 사람들을 외면한다는 비난을 받는다.

그래도 민중주의를 막아내는 일을 소홀히 할 수는 없다. 아니, 민중주의의 물살이 거셀수록 그것의 폐해를 줄이려는 노력은 중요해진다. 그리고 그렇게 하는 길은 사회문제들에 튼튼한 이론적 바탕을 갖추고 자유주의적으로 접근하는 길뿐이다.

8 약진하는 노동조합
한국의 현재

집단의 권력화를 불허하라

인간이란 본래 협력하는 본능도 있지만, 약탈하는 본능도 있다. 시장이 제대로 발전하지 못한 상황에서 자본가와 근로자 사이의 관계도 비슷할 것이다. 보편적인 인간성이라는 면에서 보면 자본가 역시 근로자들을 약탈의 대상으로 삼을 수 있다. 이런 인간성을 보완하기 위해 노동 3법이 만들어지고, 사회적 약자를 보호하기 위한 각종 법안들이 마련되었을 것이다.

하지만 오늘날의 근로자들은 100년 전의 근로자들과는 상황이 많이 다르다. 시장이 발달해 일방적인 보호의 대상에 머물지 않아도 될 만큼 직업 선택의 폭이 넓어졌다. 그렇다 하더라도 근로자들이 노동조합을 결성하는 일은 자신의 권익을 보호하기 위해 어느 정도 도움이 될 것이다.

　나는 이상적인 노동조합의 형태를 기업별 노조라고 생각한다. 고용주와 근로자 사이의 계약이 그다지 미덥지 않다면, 노동조합의 범위는 기업별 수준을 넘어서지 않는 것이 가장 좋다고 생각한다. 그 수준 정도면 기업가와 노동조합의 힘이 적절한 균형을 이룰 수 있다. 그리고 근로자들이 노동조합의 힘을 빌려 해결하고 싶어하는 근로환경과 후생복지의 개선에 합당한 역할을 할 수 있다.

　하지만 한국의 노동조합은 기업별 노조를 넘어서 산업별 노조로 변모해 왔으며, 지금은 산업별 노조를 넘어 최상급 기관이 최상위 노동조합의 영향력 아래 놓이는 상황으로 가고 있다. 앞으로 이런 추세를 막기는 힘들 것이다. 게다가 정당 결성에 성공하고, 최근에는 상급 노동단체장들이 원내 진출함으로써 근로자와 사용자 간 권력의 균형추는 노동계 쪽으로 현저하게 기울고 있다.

　향후 10년간 최상위 노동단체의 파워는 지금보다 더욱 위력을 발휘하게 될 듯하다. 더욱 정치적인 조직으로 변모해, 비정규직의 정규직화나 공무원과 교원 노조의 정치 참여 등 결국은 원하는 바를 성취할 것이다.

　아무리 선의를 갖고 출발했다 하더라도 일단 사람들이 모이면 그 단체는 자체의 발전 논리를 갖추게 된다. 근로자들의 권익 보호를 위해 만들어진 노동조합이라고 해도 책임져야 할 범위가 확대되면 될수록 조직을 움직이는 사람들의 이익을 우선하는 조직으로 변모해 나갈 가능성이 높다. 비단 노동단체뿐 아니다. 신문사건, 각종 재단이건 마찬가지다. 그렇기에 초기의 설립 취지란, 세월과 함께 무력화될 가능성을 늘 갖고 있다.

  한국의 노동조합도 상급단체에 권력이 집중되면서, 상급단체를 장악하는 데 성공한 사람들의 미래를 위한 디딤돌이 될 가능성이 커지게 될 것이다. 더욱이 노동조합은 사회적 약자라 간주되는 근로자들을 보호한다는 명분 때문에 알게 모르게 보통 사람들의 심정적인 동조를 받고 있다. 이런 배경을 십분 활용하여 노동조합은 자신들에게 유리한 법을 만들어내는 데 가일층 노력하게 될 것이다. 또한 상급단체를 이끄는 사람들은 자신의 입지를 위해서 더욱더 선명한 노선을 내세울 가능성이 높다. 선명하면 할수록 이후의 행로도 탄탄대로를 걷게 될 것이다.

  사용자들이나 사용자들을 옹호하는 단체들이 처음에는 무척 반발하겠지만, 정치세력화된 상급 노동단체와 그를 지원하는 세력들 때문에 무척 어려운 상황에 빠질 가능성이 높다. 경제가 최악의 상황에 이르기 전까지는 상급 노동단체의 성장을 멈추게 할 수 없을 것이다.

  조직이란 설립 취지에 충실하게 운영되어야 한다고 생각한다. 따라서 노동조합 역시 근로자들의 권익 보호에 충실해야 한다. 그러나 근로자들의 권익 보호를 광의로 해석하기 시작하면, 노동조합은 정치, 사회, 경제의 개혁을 원하는 단체로 활동하게 될 것이다. 상급 노동단체들은 이미 그런 활동을 하고 있는데, 이것은 필연적으로 조직의 변질을 가져올 수밖에 없다. 이익을 추구하는 권력 기관으로 변질된다는 말이다.

  피터 드러커 교수는, 다원주의 사회에서 특정 단체가 자신의 사명을 광의로 해석하고 그에 따라 운용하기 시작한다면 사회에 얼마나 파괴적인 영향력을 미치게 될지 우려한 바 있다. 그는 그 영향력이 자유에 대한 침해의 형태로 나타나게 될 것이라고 예고한다.

오직 다음과 같은 다원 사회에서만 자유를 보장하는 믿을 만한 안전망이 존재한다. 각각의 기관이 자신의 과제와 사명에 자신을 제한하는 다원 사회 말이다. 각각의 기관이 자신의 과제에 집중한다는 것은 경영관리적 요구이자 사회적 요구이고, 정치적 요구이기도 하다. 어느 한 기관이 자신의 좁은 영역을 넘어 '책임'을 지겠다고 나서는 것은, 그것이 아무리 작은 시도라 해도 권리의 침해로 간주되어야 한다. 그 의도는 좋을지도 모른다. 단기적으로 그것은 사회의 이익으로 나타날지도 모른다. 정말이지 그것은 긴박한 과제를 처리하는, 그리고 잘 수행하는 유일한 방법일지도 모른다. 하지만 그것은 자유 사회와는 양립할 수 없다. 그것은 자유에 대한 위협이다.

정말 한국인들이 새겨들어야 할 경고이다. 한 조직이 설립 취지를 벗어나 야심을 갖게 될 때, 사회가 유지해야 할 자유 자체를 침해하는 형태로 나아가게 된다는 사실을 드러커 교수는 명백하게 밝히고 있다. 다시 한 번 그의 이야기를 귀담아 들어보자.

조직으로 구성된 다원 사회는, 그 원칙이 정반대로 적용되어야 할 것이다. 모든 조직은 그 법적 지위가 소유권이 무엇이든 특수 목적의 도구다. 오직 그 행동이 그 특수 목적의 수행에 필수적인 경우에만, 그 조직은 합법적이다. 그렇지 않은 경우 그 조직의 행동들은 무효다. 형태가 아니라 기능이 한 조직의 적법성을 결정하는 것이다.

목적을 벗어나는 순간 위험해진다

근로자 권익 보호라는 명분으로 노동조합은 정치, 경제, 사회의 개혁에 대해 더욱 공세적으로 압박해 올 것이다. 한때 한 상급 노동단체는 단체협약에서 사용자 측에 '조국 통일에 기여할 것'을 요구한 적이 있다. 모범 조합원의 방북 경비 지원과 연간 일정한 통일교육 시간 확보, 통일 기금 마련, 북한 노동자 초청 기술 교류 등을 제시했다. 그 단체는 '민족 구성원이라면 누구나 조국 통일의 과제로부터 벗어날 수 없으며, 사용자도 예외는 아니다'라고 주장하고 있다. 그 기사에 대해 한 언론인은 이렇게 논평한다.

올해 단체협상을 앞두고 대기업 노조가 사용자 측에 요구한 사항을 보면 이해가 안 된다. 모 상급 노동단체는 사용자 측에 '통일 기여 조항'을 신설하고 모범 조합원의 방북 경비를 지원할 것을 요구키로 했다. 산하 4개 노조는 한술 더 떠 비정규직 근로자문제 해결 등을 위해 회사별로 순이익의 5%를 거둬 기금을 조성하자고 제안했다. 기업은 최악의 내수 부진을 겪고 있는데 노조가 기업 이익의 분배라는 경영권에 간섭하는 상황이 벌어지고 있는 셈이다.

해당 노동단체는 기업이 통일운동에 참여해야 한다며 조합원의 방북 경비, 통일 기금, 북한 노동자 초청 경비 등을 내라고 요구했다. 이제 노조가 통일운동 선봉장이 될 모양이다. 그렇다면 무엇 때문에 회사엘 다니는가. 통일운동 하는 시민단체 운동원이 되면 되지 않는가. 좋은 상품 만들어 이익을 내고 그 이익을 재투자해 고용을 늘리는 것이 기업의 사회적 임무이다. 노조는 생산성을 어떻게 높일 수 있는가를 놓고 사용자와 협의하는 기구다.

노조가 근로 조건과 무관한 정치적 요구나 경영 간섭을 하는 것은 숫자의 힘을 빌려 모든 문제를 밀어붙이자는 사고방식에서 비롯된 것이다. 해당 단체가 '탄핵 가결 규탄'을 이유로 매주 수요일 산하 사업장별로 잔업거부 투쟁에 돌입해 기업 경영에 타격을 가하고 있는 것도 말이 안 된다. 제발 자기 영역에서 자기 할 일이나 열심히 하라. 정치운동, 통일운동을 하고 싶으면 아예 그 방면으로 나가는 것이 나라를 위해서도 바람직하다. -《중앙일보》 2004. 3. 24

정치세력화에 이미 성공한 상급 노동단체들은 앞으로 10년 동안 노동 관련 입법뿐만 아니라 다양한 방법을 동원해 사용자들을 압박할 것이다. 거대 장치산업의 경영자들은 한국에서 비즈니스를 확대하는 일에 큰 부담을 느끼게 될 것이며, 신규 대형 투자를 통해 비즈니스를 활성화하려 들지 않을 것이다. 사업가에 미치는 효과만 문제가 아니다. 한국은 역사의 시계를 되돌려, 영국을 비롯한 유럽 국가들이 20세기에 겪었던 대부분의 일들을 경험하게 될 것이다.

일찍이 노벨 경제학상을 수상했던 위대한 자유주의 철학자 프리드리히 폰 하이에크는 대작 『자유론』에서 점증하는 노동조합의 특권에 우려를 표시한 바 있다.

점점 더 노동조합은 합법적이고 이기적인 목적을 추구하는 집단, 그리고 동등한 권리를 가진 경쟁적인 이해 세력들에 의해 견제되어야 할 집단이 아니라, 공공선을 위해서 모든 노동의 배타적이고 포괄적인 조직화라는 그들의 목적이 반드시 지지 받아야 하는 집단으로 간주되었다.

비록 최근에 노동조합의 권력 남용이 여론에 충격을 주고 무비판적인 친 노동조합 정서가 쇠퇴하고는 있지만, 대중들은 현재의 법률이 근본적으로 잘못되었고, 우리 자유 사회의 모든 기초가 노동조합이 남용하고 있는 권력에 의해 심각하게 위협 받고 있다는 사실을 아직 분명하게 깨닫지 못하고 있다.

노동조합의 권력은 강화될 것이며 조합원과 비조합원의 임금 격차는 날로 확대될 수밖에 없을 것이다. 또한 어떤 형식으로든 근로자의 경영 참여가 이루어질 텐데, 그 단계에 이르면 한국에서의 기업 경영은 상당히 타격을 받을 것이다. 자신의 논리를 고수하는 노동조합이 환경 변화에 적응하지 못한 결과가 나타나는 시기는 한국 경제의 쇠퇴와 맞물릴 것이며, 그 시기는 약 10년 뒤가 될 것이다.

게다가 노동조합의 특권이 허용되는 만큼, 다른 단체들에게서 같은 수준의 특권을 허용해 달라는 요구가 빗발칠 것이다. 피터 드러커 교수의 예언이 그대로 적중하게 될 날도 멀지 않은 것 같다.

다원 사회의 한 집단에게, 예컨대 정부기관에게 부여한 권력을 결국 다른 모든 집단도 틀림없이 요구하게 될 것이라는 점을 우리는 다시금 배워야만 할 것이다. 이런 일이 벌어지기를 바라지 않는다면 정부기관과 대학, 또는 정치적으로 흔히 말하는 '바람직한 조직'을 포함해 어떤 집단에게도 권력을 허용하지 않아야 한다. 모든 조직은 사회가 필요로 하는 도구들로, 각각은 구체적 목적 수행을 하기 위해 '좋은' 존재이지, 그 목적을 벗어나는 순간 그것은 위협으로 돌변한다.

9 한국의 교육, 희망은 있는가
한국의 현재

해외 유학에 돈을 쏟아붓는 한국

험난한 시절을 살았던 아버지세대, 그들을 지탱한 힘은 과연 무엇이었을까. 자신에게 남겨진 삶은 비록 힘겹고 고통스럽지만, 자식세대에게는 더 나은 세상을 물려줄 수 있다는 희망이 아니었을까. 아버지의 49제, 나는 통영의 조그만 절에서 가족들과 함께 스님의 설문을 듣고 있었다. 그때 내 마음을 울린 것은 "살아생전에 자식들 때문에 지을 수밖에 없었던 업보가 있다면, 그 업을 용서해 주시고"라는 말씀이었다. 우리 아버지들은 자신의 삶을 살았다기보다 자식들을 위한 삶을 살았다. 그들의 희생이 있었기에 내가 있다는 생각을 나는 한 번도 잊은 적이 없다.

부모들은 미래의 희망을 자식의 교육에서 찾을 뿐만 아니라, 다음

세대에 좀더 나은 세상을 물려줄 수 있다면 지금의 어떤 어려움도 견디나갈 수 있다고 생각한다. 희망이야말로 사람을 움직이는 강력한 원동력이다. 무지개든 파랑새든, 그것이 무엇이건 사람들은 희망을 좇아 살게 되어 있다. 최악의 상황에서조차 희망만 놓지 않는다면 능히 살아갈 수 있는 것이다.

우리의 아버지들은 교육에 희망을 걸 수 있었다. 그러나 우리는 어떤가. 선뜻 답이 나오지 않는다. 우리의 교육은 희망보다는 낙담을, 낙관보다는 비관을 주고 있다는 생각을 지울 수 없다.

세상이 변하면 교육도 함께 변해야 한다. 하지만 교육만큼 더디게 움직이고 있는 것도 드물다. 물론 이같은 생각에 동의하지 않는 사람들도 많을 것이며, 다른 시각으로 교육문제를 바라보는 사람들도 있음을 잘 알고 있다. 하지만 우리는 자신의 시각으로 교육문제를 해석하기 전에, 실제로 어떤 일이 일어나고 있는지 직시할 수 있어야 한다.

한국의 교육 현실에 실망한 사람들이 내리는 최종 선택, 조기 유학이 점점 확산되고 있다. 1990년대 초만 하더라도 부유한 일부 계층의 일일 뿐이었으나 이제는 일부 몰지각한 부유층의 현명하지 못한 선택이라 몰아붙이기엔 그 수준이 너무 심각하다.

부모들은 우리 교육도 언젠가는 변하리라 믿는다. 그러나 아이들에게 특별한 시기가 있다는 사실도 잘 안다. 시기를 놓쳐버린 상태에서 교육이 개선된다고 해도 그들에겐 아무런 의미가 없는 일이다. 자녀를 유학 보내는 부모들은 우리 사회에서 상대적으로 배움이 많고, 어느 정도 경제적 여유가 있고, 바깥세상과의 접촉이 많은 사람들이다. 대학교수 같은 식자층이 특히 적극적인데, 무리를 해서라도 좀더 나은 환경에서 자녀를 교육시키려 한다. 과연 그들은 '몰지각한 일부'로서 성급한 판단을 내리고 있는 것일까.

내가 교수 사회에 주목하는 이유는 그들이 한국 교육의 현실과 미래에 대해 보다 정확한 판단을 할 가능성이 높기 때문이다. 특히 겉으로 드러내는 의견이 아니라 실제로 행하는 선택을 보면 그들의 속내를 쉽게 짐작할 수 있다. 경제적으로 그다지 여유가 없음에도 불구하고 자녀의 교육비 마련에 안간힘을 쏟는 이들이 한둘이 아니라면, 그같은 선택을 할 수밖에 없는 현실을 직시하고 해결책을 모색해 봐야 하는 게 아닐까.

조기 유학에 관한 정부의 공식적인 통계는 별로 신뢰가 가지 않는다. 자퇴 후 유학처럼 공식 통계에 잡히지 않는 경우가 많을 뿐 아니라, 사회적 파급 효과와 책임 소재의 문제 때문에 가능한 그 수치를 축소하고 싶어할 것이기 때문이다.

조기 유학은 공식 통계보다 광범위하게 이루어지고 있으며 갈수록 확산되는 추세이다. 이를테면 명문 사립중고교가 밀집되어 있는 미국 코네티컷 주와 매사추세츠 주는 한국 학생들 때문에 입학 경쟁이 해가 다르게 높아지고 있다. 입학 대기자 명단에 올라 있는 학생 수도 학교마다 보통 수십 명을 넘어선다. 명문 중고교의 경우 경쟁률은 대개 수십 대 일을 넘어선다고 한다.

지난해 한국무역협회 무역연구소는 흥미 있는 보고서를 내놓았다. 우리나라가 무역 흑자로 벌어들인 외화가 155억 달러였는데, 비공식적인 것을 포함해 유학 관련 송금 규모는 30~40억 달러(3조 6천억~4조 8천억 원)로 추정된다는 것이다. 아마 증여 형식으로 나가는 돈까지 포함하면 수치는 더욱 늘어날 것이다.

《한국일보》는 이 자료를 인용해 기사를 실었는데 관련 부처가 반박 자료를 낼 정도로 파문을 일으켰다. '《한국일보》 2월 19일자 〈무역 흑자 1/4 유학비로 쓴다〉 보도와 관련해 부정확한 부분이 있다'고 지적하고 이에 대한 교육인적자원부의 입장을 피력한 것이다.

'유학·연수 수지 적자 해소를 위해 평준화 완화와 교육 개방이 필요하다는 재경부 관계자들의 주장은 논리적 비약이며, 그러한 정책이 초래할 수 있는 부정적 영향에 대한 충분한 고려를 하지 않은 것으로 보입니다.'

교육인적자원부 반박 자료에 의하면 '유학생 자녀에 대한 송금이 2003년에 급증, 18억 7,000만 달러에 달한 것으로 집계됐다'고 한다. 이는 2002년(14억 1,000만 달러로, 1조 6,970억 원)에 비해 32% 늘어난 것이며, 지난해 교육부 예산의 10분의 1에 달하는 규모라는 해설도 덧붙였다. 실제로 해외 유학생에 대한 송금은 1999년 8억 7,000만 달러에 그쳤으나, 2000년 9억 3,000만 달러, 2001년 10억 6,000만 달러로 매년 급속히 증가하고 있다.

한편 1999년 12만 170명이던 대학 재학 이상의 유학생(어학연수 포함)은 2002년 15만 5,327명으로 20% 가량 증가했을 뿐이다. 그러나 1998년 1,562명에 불과하던 조기 유학생은 2002년 1만 5,000명을 넘어서고, 지난해에는 2만 명을 넘어섰다. 통계 자료로 총 유학생에서 조기 유학생이 차지하는 비중을 추정해 보니, 1999년 1.7%에서 2000년은 3%, 2001년 6.0%, 2002년에는 10% 수준에 달했다.

교육도 상품이다

외환위기와 같은 급박한 상황이 발생하지 않는 한, 조기 유학의 물꼬를 되돌리기는 불가능할 것이다. 미국·캐나다·뉴질랜드·호주·아일랜드부터 영어와 중국어를 동시에 익힐 수 있는 말레이시아·싱가포르·홍콩·중국까지, 부모들은 전 세계로 아이들을 내보내고 그 수는 수십만에 이르게 될 것이다. 학비나 생활비 외에 부모와 자녀들이 오고 가며 지출하는 경비도 기하급수적으로 늘어날 것이다. 조만간 항공사들은 조기 유학에 큰 기대를 걸게 되지 않을까.

교육문제는 더 이상 교육 자체만의 문제가 아니다. 향후 10년간 교육비는 경상수지의 구조적인 악화에 주요 요인으로 작용할 것이다. 부실한 산업 때문에 어렵사리 번 달러를 교육비로 모두 지출하는 아이러니가 일어나게 될 것이다. 교육문제는 곧 경제문제가 될 텐데도 국정 운영자들 사이엔 그런 공감대가 형성되어 있지 않은 것 같다. 어느 부총리가 국무회의 석상에서 교육 개방을 말했다가 며칠 후 번복하는 모습을 보았다. 자기 부처 소관이 아니어서 더 이상 언급하지 않겠다는 취지의 발언이었다.

교육 개혁은 관련 부처와 이익단체로부터 강력한 저항에 부딪힐 테고, 공교육의 개선과 교육 평준화라는 기치 아래 점점 더 많은 재원이 투여될 것이다. 평등 지향적 교육이 지속되는 한 이 땅을 떠나는 아이들을 막을 수 있는 길은 없다. 결국 그런 교육의 최대 피해자는 떠날 수 있을 만큼 여유롭지 못한 이들의 자녀가 될 것이다.

이제 교육도 하나의 산업으로 보고 접근해야 한다. 교육 서비스 역시 하나의 상품으로 간주해야 한다. 차별화와 경쟁, 혁신의 개념은 교육에도 그대로 적용되어야 한다. 그러나 이런 논리는 당장 반대에 부딪히고 말 것이다. 교육이란 특별한 무엇이며, 공교육을 강화해 평등한 서비스를 제공해야 한다는 낡은 신념을 가진 사람들이 주류를 차지하고 있는 한, 다음세대 아이들은 제대로 준비하지 못한 채 치열한 시장 환경과 맞닥뜨리게 될 것이다. 젊은이들은 힘겹게 자신의 삶을 꾸려가겠지만, 그런 결과에 책임이 있는 세대들은 이미 사라지고 난 후이다.

교육 평등화는 그 정책이 보호하려는 중산층과 서민들에게 오히려 가장 큰 폐해를 끼치게 될 것이다. 우리는 다시 한 번 상기할 필요가 있다. 아무리 선의로 시작된 정책이라 해도 나쁜 결과를 초래할 수 있음을.

쉬쉬하며 애써 눈감으려 하지만 알 만한 사람들은 모두 한국의 교육 현실을 간파하고 있다. 한국의 교육이 접한 상황은 생각보다 심각하다. 교육계는 세상의 변화를 따라가지 못하고 있다.

10 악화되는 재정 적자
한국의 현재

공공부문 인건비가 증가하고 있다

　공공부문의 노동조합이 출범했을 때, 나는 그들이 갖게 될 정치적 영향력과 공공부문 역시 강력한 이익집단으로 재탄생하게 되리라는 점을 걱정했다. 그러나 무엇보다도 경제적인 측면을 걱정하지 않을 수 없었다. 어느 사회든 공공부문, 특히 공무원들의 생산성은 낮다. 그리고 어느 사회든 위기감을 갖고 필사적으로 노력하지 않는 한 공무원을 줄이기는 불가능하다. 공공부문의 인건비는 고정비 지출이라는 점에서 항상 재정에 부담을 주는 부분이다.

　외환위기 때 우리 사회는 공공부문의 구조조정이라는 큰 홍역을 치른 바 있다. 그런 어려움을 경험했음에도 불구하고 공공부문의 성장을 감시하고 이를 적극적으로 견제할 수 있는 곳은 아직까지 없다.

공무원을 증원하는 문제는 사회적 약자의 보호라든지 공교육의 내실화 같은 근사한 목적을 갖게 되기 때문에 좀처럼 막을 수 있는 명분이 없다. 게다가 갈수록 약자 보호와 공적 기능 강화를 외치는 이들의 영향력이 커지는 추세이다.

공공부문은 앞으로도 계속 성장할 것이다. 이미 노동부를 중심으로 비정규직의 정규직화 정책이 추진되고 있다. 환경미화원, 조리종사원, 사무보조원 등 10만여 비정규직 일부를 공무원으로 인정하고, 다른 일부는 자동 계약갱신과 정년제를 보장한다고 한다. 사실상 정규직화가 이루어지고 있는 것이다.

비정규직의 낮은 처우를 이해 못 하는 바 아니지만, 공공부문의 성장은 고정비 증가를 가져오며 그것은 재정위기로 연결될 가능성이 높다. 그러나 누구도 이를 걱정하지 않고 있다. 정책 담당자들은 임기를 무사히 넘기기만 하면 될 뿐, 재정 부담은 후임자가 책임질 일이라고 생각하는 것은 아닐까.

오늘날 경쟁의 최일선에 서 있는 기업들은 고정비 부담을 줄이기 위해 필사적으로 노력하고 있다. 조직이 살아남는 해법 가운데 하나가 '몸집 줄이기'이기 때문이다. 그러나 공공부문은 경쟁 압력이 없고, 스스로 벌어야 한다는 의무감에서 벗어나 있기 때문인지 세상의 변화에 역행하고 있다.

재정위기는 환경 변화에 따라 언제든지 닥칠 수 있다. 외환위기라는 최악의 상황에서도 건실한 재정이 있었기 때문에 우리는 위기를 극복할 수 있었다. 세원이 안정적으로 확보되는 상황이면 그나마 넘어갈 수 있다고 하더라도, 국가를 맡은 사람들은 더욱 노력해야 한다. 국가의 위험 관리라는 측면에서 고정비 증가를 막아야 하고 국가 부채를 줄이기 위해 평소 노력해야 한다. 그것이 그들의 책무이다.

예를 들어, 2003년 국방비 예산을 살펴보자. 총 예산 17조 4,264억 원 중 인건비 비중이 43.5%에 해당하는 7조 5,787억 원이다. 예산에서 인건비가 차지하는 비중은 전반적으로 증가하는 추세이다. 사업비는 조정할 수 있지만 인건비는 거의 조정 불가능하기 때문에 예산 운영은 경직되기 쉽고 그만큼 부담스럽다.

향후 10년 동안 이런 추세를 막을 수 있는 방법은 없다고 본다. 비정규직을 정규직화할 수 있다면, 해당 노동조합은 대단한 원군을 확보하게 된다. 결코 포기할 수 없는 일이다. 때문에 노동조합은 이를 위해 치밀한 계획을 짜고 우호적인 언론, 시민단체와 연대해 행정부와 입법부를 더욱 압박하게 될 것이다. 국회의원들 역시 자신의 이익에 따라 움직일 수밖에 없는 사람들이다. 중장기적으로 얼마나 폐해가 큰지 안다 해도, 눈앞의 이익을 포기할 수는 없는 일이다.

문제는 여기서 그치지 않을 것이다. 각종 단체들은 저마다 국가 예산에서 조금이라도 더 타내기 위해 무던히도 노력할 것이다. 행정부가 정치권력으로부터 어느 정도 거리를 두고 있다면 괜찮겠지만, 세금을 더 거둬들인다거나 국채를 발행해 미래의 소득을 당겨쓰는 방법 외에는 별다른 대안이 없다.

재정 관리, 믿을 수 있나

재정의 건전화에 대해 전문가들이 우려의 목소리를 내기 시작했다.

조세연구원이 내놓은 「재정 건전화를 위한 국가 채무 관리 방안」을 보자. 2002년 말 정부가 밝힌 공식 국가 채무는 133조 6,000억 원에 불과하지만, 직간접 부채를 포함하면 약 46조 3,000억 원이 추가된다고 한다.

연구원에 따르면, 국가 채무에 추가해야 할 부분은 크게 5가지라고 한다. 공무원연금의 경우 정부가 2조 7,000억 원의 보험료를 지급해야 하고, 건강보험도 2조 6,000억 원가량의 부담을 지고 있다. 또한 관련 법에 따라 농협 비료계정에 1조 4,000억 원의 지급 의무가 있으며 우체국 기금 차입금(10조 2,000억 원), 국민연금 차입금(29조 4,000억 원) 등도 있다.

조세연구원은 다음과 같이 지적한다.

> 우리나라는 통합재정의 범위가 협소하고, 연금재정이나 지급보증 등 국가 채무 통계에 포함되지 않는 정부의 직간접 부채가 상당하다. 따라서 국가 채무의 범위를 확대, 체계적으로 관리해야 한다. 더욱이 한국은 외채 규모가 크고 금융자본시장이 취약해 재정이 경제의 안전판 역할을 하고 있다. 따라서 외환위기 이후 흐트러진 재정안정을 조기에 회복해야 한다.

조세연구원의 지적은 최소한의 언급일 뿐이라고 본다. 국가 부채가 체계적으로 관리되지 않고 각종 연금이 입법부의 감독을 받지 않는 상태에서 방만하게 운영되고 있는 점을 고려하면 현재 국가 부채는 300~400조 원에 달한다고 보는 사람들도 있다.

구멍가게 운영이나 국가 운영이나 그 원리는 똑같다. 수입과 지출의 균형을 맞추는 일이다. 평소 균형을 잘 맞춰왔다면 외부의 쇼크에 의해 지출이 늘어나더라도 빚을 얻어 해결할 수 있는 여력을 가질 수 있다. 그러나 경제가 무난히 운용되고 있을 때 방만하게 지출 규모를 늘린다면 위기가 와도 해결책이 제한될 수밖에 없다.

가중되는 재정 부담

우리에겐 또 하나의 큰 숙제가 있다. 바로 북한문제다. 북한 재건을 위해 소요되는 비용은 어떻게 염출할 것인가. 통일 이전 동독의 경제 규모는 서독의 약 3분의 1 수준이었다. 비교적 양호하다. 그럼에도 불구하고 1990년부터 2000년까지 동독으로 이전된 서독의 재정은 약 1조 달러(1,200조 원)였다. 그러나 양 지역간 격차는 여전히 크다. 동독 지역의 1인당 국내총생산은 3분의 2 수준으로 낮고, 실업률은 20%에 이른다. 동독으로의 재정 이전은 앞으로도 10년은 계속되리라고 한다.

우리는 어떤가. 한반도 전문가인 미국의 마커스 놀랜드에 의하면, 북한이 흡수통일되는 경우 10년간 약 6,000억 달러(720조 원)의 지원이 필요하다고 한다.

보다 먼 미래를 내다보면, 고령화로 인한 부담 역시 재정위기를 초래하게 될 것이다. 한국은 이미 출산율 급감과 노인인구 증가 추세에 있다. 앞으로는 훨씬 심각한 과제로 다가올 것이다. 1964년 세계에서 가장 빨리 고령화 사회(Aging Society: 65세 이상이 7%~14% 미만인 사회)로 진입한 프랑스의 경우, 고령 사회(Aged Society: 65세 이상이 14% 이상인 사회)로 가는 데 115년이 걸렸다. 스웨덴은 85년, 일본은 24년, 반면 한국은 19년이다. 2002년 한국의 65세 이상 인구는 7.9%로 377만 명이다. 2019년에는 14.4%인 731만 명, 2026년에는 20%인 1,011만 명에 달할 것으로 전망된다.

선진국들은 지난 40여 년간 고령화 사회의 문제—재정위기, 연금 고갈, 세대간 갈등 등—를 풀기 위해 심혈을 기울여왔지만 결코 만만찮았음을 토로하고 있다. 스탠더드앤드푸어스(S&P) 같은 국제신용평가 회사도 2050년에는 선진국들의 신용등급이 '투자 부적격'으로 떨어질 수 있음을 경고한다. 부채가 국내총생산을 초과하게 된다는 것이다.

『고령화 쇼크』의 저자 박동석 씨는 2020년을 전후해 일어날 세대간 갈등을 이렇게 전망한다.

2020년, 한국전쟁 직후인 1954년부터 1965년까지 태어난 '베이비붐 세대'와 그 이후 1970년대 중반 사이에 태어난 '베이비버스트(출산율이 뚝 떨어지는 현상) 세대(일명 X세대) 간 전쟁이 일어난다.

두 세대는 현재 40대와 30대로 끈끈한 유대관계를 유지하며 정치, 경제, 사회 활동의 원동력이 되고 있다. 그러나 앞으로 20년 후쯤 개혁에 실패한 연금이 휘청이기 시작하면서 갈등은 표면화된다. 싸움은 돈을 놓고 시작된다. 노후의 마지막 보루인 연금의 '파이(크기)'와 관련된 문제다. 원래 국가가 연금계획을 짤 때는 연금급여액(소득대체율)을 후하게 짜기 마련이다. 그러다가 인구의 고령화로 인해 재정이 바닥을 드러낼 조짐이 보이기 시작하면 퇴직자들이 받는 연금급여액을 야금야금 깎아나가고 대신 그 아랫세대들이 내는 연금보험료를 높이게 마련이다.

건실한 재정은 단기 이익과 중기 이익 간 균형을 유지하는 일과 깊은 관련이 있다. 내 것이 아닌 돈을 낭비해 공적 재산을 고갈시키는 일이 얼마든지 발생할 수 있다. 국가 재정의 건실화는 결국 눈앞의 이익을 얼마나 억제할 수 있느냐에 달려 있다.

11 대미 외교, 감정만으로는 안 된다
한국의 현재

주홍글씨가 된 '친미주의자'

보통의 한국인에게 미국이란 가까이하기 어려운 나라이다. 중국과 일본은 같은 한자 문화권에 속하기 때문에 특별히 공부하거나 깊은 주의를 기울이지 않더라도 이해할 수 있는 부분이 넓지만, 문화의 차이로 미국은 이해는 고사하고 오해하기 쉬운 나라이다. 그럼에도 불구하고 우리 삶의 곳곳에는 미국 문화가 깊숙이 들어와 있고, 마음속으로는 그들이 이룩한 문명을 부러워하기도 한다.

미국은 종종 무소불위의 힘을 가진 나라로 비춰지곤 한다. 누군가는 세계의 경찰 역할을 맡을 수밖에 없지만, 사람들은 이런 존재를 쉽게 받아들이지 못한다. 현실주의자로 국제 정세를 이해하려는 사람은 우리 사회에서 여전히 소수에 지나지 않는다.

미국을 비난하는 지구촌 곳곳의 분위기는 미국이 어떤 행동을 하든 앞으로도 계속 확산될 수밖에 없을 것이다. 한국 역시 예외가 될 수 없다. 게다가 주한 미군 때문에 우리는 반미 감정이 극성을 부리는 나라로 남을 가능성이 높다.

문제는 우리가 미국을 싫어하든 좋아하든 전 분야에서 미국의 우위는 더욱 견고해질 것이라는 점이다. 더욱 많은 사람이 미국을 방문할 것이며, 미국에 투자하기를 원하고, 미국에서 공부하고 싶어할 것이다. 미국은 전 세계의 우수하고 유능한 인력과 막대한 돈을 블랙홀처럼 빨아들이는 나라로 오랫동안 기억될 것이다. 우리에게 미국은 영화나 텔레비전을 통해 단편적으로 이해될 뿐이지만, 기실 그곳은 민족이나 종교가 아니라 자유와 인권의 이념을 바탕으로 구축된 대단히 성공적인 국가 중 하나이다.

나는 미국이 지배적인 위치를 계속 유지하리라고 전망한다. 그들의 역동성이 지속되리라 믿기 때문이다. 미국의 앞날을 내다보고 싶은 사람이라면 『미국은 과연 특별한 나라인가?』를 집필한 김봉중 교수의 이야기를 들어보는 것도 괜찮겠다.

> 미국은 정(靜)적인 나라가 아니라 동(動)적인 나라다. 미국은 만들어지고 있는 나라이지 이미 완성된 나라가 아닌 것이다. 미국이 특별했다면 지금까지는 이 동적인 전통이 끊임없는 도전 속에서도 지켜져 왔다는 것을 뜻한다. 미국의 민주주의, 프런티어 정신, 지역간 갈등, 다문화주의……. 이 모든 영역에서 미국이 동적이며 만들어져 가는 나라임을 믿는 쪽이 미국은 정적이며 완성된 나라라고 믿고 그것을 지키려는 세

력보다 우세했다. 그러한 전통을 미국의 특별함으로 믿고 그 전통을 유지했던 것이 미국을 가장 미국답게 만들며 미국을 특별한 나라로 만들었던 것이다. 미국인의 특별의식 혹은 선민의식이 지금의 미국을 만들었던 주요한 동력이었다.

하지만 현재 우리 사회는 있는 그대로의 미국을 바라보자고 말하기조차 쉽지 않은 분위기다. 지식인이든 정치인이든 '친미'로 낙인찍히게 되어 좋을 일은 앞으로도 없을 것이다. 사실을 객관적으로 바라보거나 이해하기를 원하는 지식인이나 정치인조차 '친미주의자'라는 딱지가 붙을 위험을 감수하려 들지 않을 것이며, 매도용으로 쓰이는 이 용어 앞에서는 다들 알아서 입 조심하게 될 것이다.

학교에서 배우는 반미 감정

'여중생 사건'과 같은 예기치 않은 사고는 미군이 주둔하는 한 앞으로도 계속 발생할 수 있다.

문제는 그런 일이 있을 때마다 반미를 부추기는 세력들이 활발하게 움직이리라는 점이다. 그들은 이미 잘 조직되어 있고, 그동안의 여러 대중 모임을 통해 다양한 경험을 축적해 왔다. 그들은 자신의 목적을 위해 그런 힘을 적극적으로 활용할 것이다. 물론 그런 세력들의 저의가 무엇인지, 정체는 무엇인지, 알 수는 없다. 다만 그들에 의해 조직된 각종 모임은 미디어를 통해 여과 없이 국민들에게 공개되고, 그런 이미지가 반복되는 가운데 많은 젊은이들은 부지불식중 반미 감정을 자연스럽게 받아들이게 될지도 모른다.

게다가 어린 학생들에게 행해지는 정치 교육은 자라나는 아이들의 세계관을 형성하는 데 큰 영향을 미치게 될 것이다.《연합뉴스》가《로스앤젤레스타임스》기사를 인용한 부분을 살펴보자.

한국 내 많은 학생들에게 던져진 미국에 관한 퀴즈 하나. 다음 가운데 틀린 설명은?
① 세계 제1의 무기 수출국
② 세계 제1의 핵 중무장국
③ 화학무기 연구 세계 1등국
④ 다른 나라와 단 한 번도 전쟁을 하지 않은 가장 평화를 사랑하는 나라

한국 정부가 가두시위를 자제하도록 노력하고 있지만 반미 정서가 여전하고 많은 공립학교도 마찬가지라고《로스앤젤레스타임스》가 전국교직원노동조합(이하 전교조) 교사들의 반전 교육과 국내 반대 여론을 전했다.

다음은 고양 발〈미국, 한국 내 학교에서 오명 얻다〉제하 기사의 요약.

위 질문은 지난 3월 전교조의 이라크전쟁에 대한 수업 교재 중 일부다. 약 40만 학생들에게 주어진 퀴즈의 다른 질문에서는 미국이 이란·쿠바·시리아·리비아와 함께 북한을 괴멸하려 한다고 암시하고 있고 또 교재에는 화염에 휩싸인 바그다드와 부상 어린이들을 담은 그래픽

사진도 포함돼 있다.

　고양시 한 중학교 1학년 교실에서는 지난 1992년 주한 미군 케네스 마클 이병의 우산에 찔려 살해된 기지촌 여성의 사진이 공개됐으며 관습을 따르지 않은 수업 자료는 교육계의 논란과 함께 한국 청소년들의 가슴속에 이데올로기 전쟁을 불붙였다.

　반전 교재는 지난 5월 교실에서 회수됐으나 반대 여론이 아니라 미국 주도 이라크전이 끝났기 때문이었다.

　전교조 교사들은 오는 9월 새 학기 학습법은 바뀌지 않을 것이라고 말한다. 교사 박석균 씨(전교조 고양시 지부)는 "학생들에게 전쟁에 따른 결과와 인류가 어떤 전쟁도 반대해야 하는 이유에 대해 가르칠 필요가 있다"며 학생들에게 퀴즈를 냈을 뿐 아니라 '인간방패'로 바그다드에서 활동한 반전운동가들을 다룬 TV 보도물을 틀어주기도 했다고 말하고 "이것을 반미로 보지 않는다. 학생들에게 옳고 그름의 차이를 가르쳤을 뿐"이라고 강조했다.

　반미 교육 논란의 배경은 주한 미군들의 품행에서 북한과 이라크전에 대한 부시 행정부의 강경한 입장 등 폭넓은 반미주의에서 촉발됐다.

　토머스 허바드 주한 미국대사는 그러나 "다른 나라 학습 교재를 살피지는 않지만 미국에 대한 왜곡된 일면을 보여주는 것 같다"며 "그게 각급 학교에 배포되고 있는 것이라면 많은 한국 젊은이들이 미국에 대한 비우호적인 태도를 보이게 될 것은 당연하다"고 말했다.

　이같은 수업 교재는 다른 교육자들의 반발을 불러오기도 했다. 지난 6월 이상주 전 교육부총리 등이 주축이 돼 '반 전교조' 단체인 교육공동체 시민연합이 결성되기도 했다. 이 전 부총리는 "저들의 견해는 매우 급진적이면서도 주류에서 한참 벗어나 있다"고 말했다. 또다른 이들은 1998년까지 불법단체였던 전교조가 북한을 동정적으로 해석하는 교재를 만들었다고 불평을 털어놓고 있다.

반미 교육은 학생들의 대미관에 큰 영향을 미칠 것이다. 어떤 학생들은 성장해서 미국을 직접 접촉하며 생각을 조정할 수도 있겠지만, 그럴 여유가 없는 다수는 감수성이 한창 예민한 시절에 배운 생각을 오래도록 지니게 될 것이다. 선입견이란 좀처럼 고치기 힘든 법인데, 반듯하게 아이들을 키워야 하는 교육의 사명을 생각하면 아쉽기 그지없다.

대미관계, 실용주의로 풀자

반미 시위는 앞으로도 빈번할 것이다. 일부 젊은이들의 마음속에 있는 반미 감정이 정치적인 세력에 이용되고 다시 증폭되면서 반미는 거부할 수 없는 대세를 이룰 것이다. 이런 움직임들은 CNN이나 다양한 언론매체를 통해 전 세계에 전달되고, 미국은 이를 매우 불편하게 여겨 결과적으로 한미관계는 점점 소원해질 것이다.

한국인들은 미국이 자국의 이익을 위해서라도 주한 미군을 철수하지 않으리라 믿는 경향이 있다. 그러나 촛불시위 같은 이벤트가 빈번해지고 한미간 신뢰의 토대가 흔들리게 된다면, 미국은 한반도에 대한 전략을 재검토하게 될 것이다.

북한 핵문제와 관련해서도 한미간 긴장은 주기적으로 반복될 듯하다. 미국은 9.11사태 이후 거의 생존권 차원에서 테러를 바라보고 있다. 그렇기 때문에 북핵문제를 바라보는 시각도 한국인과 현저히 다를 수밖에 없다.

동맹관계를 유지하는 데는 두 나라가 공통적으로 지향하는 가치가 있어야 한다. 동맹에 필수적인 요인이 서로 어긋나는 것을 목격하면서 미국은 주한 미군 철수를 실제로 진행해 나갈 것이다. 물론 중국의 남진을 막기 위해서 미국은 일본과 괌, 필리핀 등의 새로운 기지를 중심으로 중국에 대한 전략을 다시 세울 것이다.

한반도에 힘의 공백 상태가 온다면 누군가가 이를 이용할 게 분명하다. 그것이 국제정치다. 미국이 물러난 자리를 누가 차지하게 될까. 중국일까. 중국은 자유와 인권이라는 보편적 가치를 존중해 온 역사가 없는 국가다. 고구려 역사 왜곡 같은 일련의 행동을 보면, 만약 중국이 그 자리를 차지하게 될 때 정치와 경제, 사회적으로 우리는 어떤 영향을 받게 될지 생각해 보지 않을 수 없다.

대단히 실용적인 시각으로 한미관계에 접근하지 않는다면, 한국은 앞으로 큰 낭패를 겪게 될 것이다. 미군 철수는 단순히 엄청난 국방비를 자체적으로 조달해야 하는 부담뿐 아니라, 우리의 운명에 영향을 미치는 큰 비용이 들 수 있는 문제다.

우리에게 필요한 자세는 철두철미한 실용주의 노선이다. 강대국의 틈바구니 속에서 감정적인 접근이 아니라 이성적으로 접근해야만 한다. 그러나 그런 노선을 견지하기에 우리 사회에는 넘어야 할 산이 너무도 많다.

오늘의 한국인들에게 스스로를 되돌아볼 수 있는 기회를 주는 역사의 한 대목이 있다. 현실을 직시하지 못한 채 명분에만 치우치는 민족이 어떤 운명을 맞게 되는지, 그 사례가 『로마인 이야기』에 소개되어 있다. 아테네, 스파르타와 함께 그리스 3대 국가였던 코린트의 비극적인 멸망이 그 예이다.

그리스 문화를 존경했던 로마인들은 그리스 민족의 독립과 자치를 존중해 주고자 했다. 하지만 그리스인들은 로마의 태도를 힘 있는 자의 관용이 아니라 그리스 문화에 열등감을 가진 자의 저자세로 받아들이게 된다. 결국 로마인들은 관용을 거두고 코린트에 군대를 급파하고, 로마군에 의해 송두리째 파괴된 코린트는 영원히 역사에서 사라지게 된다. 시오노 나나미는 그 사건을 두고 이렇게 한탄한다.

> 기원전 2세기의 그리스인은 자유와 독립의식은 강해도 그것을 현실화하고 유지하기 위한 정치력은 페리클레스의 죽음과 함께 사라져버렸나 싶을 만큼 비정치적인 민족으로 전락해 있었다. 기원전 2세기 당시의 그리스인에 대해서는 로마인도 경멸감을 품지 않을 수 없었다. 기회가 있을 때마다 자유와 독립을 부르짖는다는 점에서는 기원전 2세기의 그리스인도 페리클레스 시대와 다를 바 없었다. 달라진 것은 이 자유와 독립을 현실화하는 방법이었다. 기원전 2세기의 그리스인은 다른 나라에 의존하거나, 아니면 친구의 위기를 이용하는 방법밖에 알지 못했다.

또다른 하나는 유대인과 로마인 사이의 갈등에 관한 부분이다. 마사다 요새의 몰락은 유대인의 배타적이고 비타협적인 저항을 상징하고, 그런 민족성은 스스로를 오랜 유랑생활로 몰아넣게 된다. 시오노 나나미는 유대인들이 좀더 현실적이고 유연할 수는 없었는지를 이렇게 되묻는다.

> 유대인의 불만 원인이 반드시 로마 측에만 있다고 할 수는 없었다. 항상 약자의 처지에 있었던 민족은 피해의식에서 벗어나기 어렵다. 그런 유형의 사람들은 의지할 거라고는 피해의식밖에 없기 때문에 강자에 대해서는 과민반응을 보이기 쉽다. 다른 속주에서는 문제가 되지 않고 끝날 일도 유대인과의 사이에서는 문제가 되곤 했다.

한국은 넓은 시각으로 미국과의 관계를 조망해야 한다. 미국·중국·일본·러시아와의 관계 속에서 미국을 바라봐야 하며, 힘의 공백 상태가 된다면 어떤 전략으로 주변 강대국과 맞서야 할지 깊이 고민해야 한다. 명분에 치우치고 피해의식에 사로잡힌 채 내린 우발적 선택이 어떤 결과를 불러올지에 대해서도 물론 생각해 봐야 한다.

연배가 있는 세대는 이같은 우려를 많이 할 것이다. 바깥세상을 접촉할 기회가 많은 이들 역시 한미관계에 대해서 대단히 실용적인 관점을 갖고 있을 것이다. 하지만 이들은 이미 주류가 아니다. 더욱이 여론 형성에 주도적인 역할을 하는 다수는 전혀 다른 대미관을 갖고 있다.

한미관계 악화라는 대세를 막을 가능성은 그다지 높지 않아 보인다. 국정 운영자 중 멀리 내다보고 철두철미한 실용주의 노선에 따라 대미관계를 이끌어가는 사람은 소수이기 때문이다. 오히려 그 반대가 주도권을 장악할 가능성이 높다. 그들은 물론 국민 다수의 뜻이라는 토씨를 붙이겠지만, 올바른 지도층이라면 국민을 설득해 내야 한다.

최근 워싱턴에 체류하고 있는《조선일보》전 주필 김대중 씨의 이야기는 우리 사회가 어떤 상황에 직면하게 될지 정확히 진단하고 있다.

> 미국에 대한 잘못된 고정관념은 미국이 한국에서 쉽게 발을 빼지 않을 것이라는 막연한 믿음 같은 것이다. 이런 생각의 이면에는 미국이 한국에 주둔하는 것은 미국의 이익 때문이지 우리를 위한 것이 아니라는 인식이 깔려 있다. 결론부터 말하자면 현 상황이 연장된다면 미국은 조만간 한국에서 철수할 것이다. 군대만 철수하는 것이 아니라 동맹관계를 단순한 선린(善隣) 정도로 축소할 것으로 보인다.

> 역사적으로 볼 때 미군 주둔은 구소련과 '중공'을 견제하고 일본을 보호하기 위한 것이었다. 이제 냉전의 종식과 더불어 중국은 미국과 긴밀한 이해관계를 가진 '동반국가'로 변모했다. 러시아 역시 더 이상 이 지역의 위협 세력이 아닐 뿐더러 미국에 종속적인 '의존국가'로 전락했다. 일본의 위치도 중국, 러시아와 삼각관계를 도모하는 쪽으로 이동했다. 따라서 미군의 한국 주둔 필요성은 그 의미를 상실했다. 한반도의 안정과 평화를 보장하는 요소가 이처럼 변한 상황에서 미국은 미국이 싫다는 한국을 굳이 버퍼(완충장치)로 삼을 이유가 없다.

> 한반도에서 미국은 한국 대신 북한을 '거래의 대상'으로 삼을는지 모른다. 이제 미국을 배척하면서도 미국이 한국을 떠나지 않으리라고 기대하는 모순된 심리는 더 이상 통하지 않을 것이다. '정치는 반미이고 경제는 친미'인 상황은 더 이상 존재하기 어려울 것이다.

12 시대를 거스르는 민족주의
한국의 현재

우리가 먹여 살려야 할 북한

북한은 경제적으로 이미 파산에 도달했다. 햇볕정책 같은 대북한 유화책들이 지속되어 왔지만 얼마나 효과적일지는 사실 회의적이다. 오히려 북한문제를 효과적으로 해결할 수 있는 결정적인 기회를 놓쳐버렸다는 생각이 들 때가 많다. 도저히 스스로의 손으로 의식주를 해결할 수 없는 국가라면 결국 구걸이나 약탈로 생존권을 확보할 수밖에 없기 때문이다.

대다수 공산주의 국가가 몰락해 버린 속에서도 북한은 놀라울 정도로 굳건히 체제를 유지하고 있다. 하기야 '조선'이란 나라가 숱한 문제점에도 불구하고 주자학의 이념을 바탕으로 해 500년간 존립했다는 사실을 생각하면, 북한이라는 편향적인 이념 국가는 훨씬 더 오래 버틸 수 있을 것이다. 또한 북한은 체제 붕괴라는 마지막 순간까지 자기 방식의 통일에 대한 희망을 버리지 않을 것이다. 사상적으로는 자신들이 승리할 수 있다고 믿을 가능성도 있기 때문이다.

전문가들이 구소련의 몰락을 예상하지 못했던 것처럼, 북한의 붕괴를 예측하는 것은 물론 무척 어려운 일이다. 향후 10년 안에 그런 일이 일어날 수 있을까? 이런 질문에 답하기란 솔직히 능력 밖의 일이다. 다만 북한은 우리가 생각하는 것보다 훨씬 강한 내부 결속력을 다지면서 방어적인 위치에서 공세적인 위치로 전환하리라는 예상은 할 수 있다. 그렇다면 공세적인 위치로 전환한다는 의미는 무엇인가?

북한은 남한에 자신들의 주의주장에 동조하거나 적어도 심정적으로 동감하는 세력이 무시할 수 없는 정도에 이르렀다고 판단하기 시작했다. 그리고 이들 세력이 주류로 등장하고 있다는 평가 위에 남한 정치에 더욱 적극적으로 영향력을 행사할 것이다. 대남공작 차원에서 북한은 철저히 남한을 분리하고 이간하는 고도의 심리전을 펼칠 것이다.

남한은 이런 움직임에 휘둘릴 수 있고, 이런 상황에 재산을 가진 사람들은 더욱 불안해할 것이다. 일부는 생존을 위해 재산을 국외로 분산시키기도 할 것이다.

북한의 움직임을 예견하고 싶다면, 참조할 자료가 하나 있다. 북한의 『간부 및 군중 강연 자료』(2003. 9. 조선노동당 출판사) 중 「력사적인 6.15북남공동선언 발표 이후 남조선에서 커다란 변화가 일어나고 있는 데 대하여」가 그것이다. 그들은 '(6.15공동선언 이전에는) 우리의 사상에 공감하고 우리를 따르고 동조했던 세력들이 지하의 소수에 지나지 않았지만 지금은 그 반대로 변했다'고 주장한다. 그리고 지난 대통령 선거의 한나라당 패배를 예시하면서 '모든 변화들이 위대한 장군님께서 6.15북남공동선언을 마련하시어 남조선에서 진보 세력의 활동 공간을 넓혀주시고 극소수 반공보수 분자들을 철저히 고립시키신 결과'라고 선전한다.

이어서 '6.15공동선언에 명기된 〈우리 민족끼리〉라는 대명제 역시 남조선 인민들 속에서 민족자주의식을 높여주는 데 커다란 작용을 하고 있다'며 '남조선 각계각층이 최근 조미 핵 대결을 구경만 하려는 것이 아니라 우리의 편에 서서 적극 지지, 응원하고 있는 사실을 놓고도 잘 알 수 있다'고 덧붙였다.

한국은 자체적으로 경제를 해결할 수 없는 북한을 먹여 살려야 할 책임을 안게 되었다. 그것은 원조가 될 수도 있고, 때로는 협박의 수단이 될 수도 있을 것이다.

북한의 경제 개방을 기대하는 사람들도 있지만 그렇게 낙관적으로 보이지는 않는다. 체제의 근본적인 성격을 수정하지 않고선 불가능한 일인데 과연 북한 수뇌부가 사유재산을 인정하면서까지 변혁을 꾀할까. 그것은 체제의 붕괴로 연결될 수밖에 없는 일인데 말이다.

북한문제를 두고 한국은 이념적으로 더욱 분열된 사회로 나아갈 것이다. 진보 진영은 이념전쟁에서 이미 큰 성과를 거두었고, 앞으로는 더욱 성공할 것이다.

'외세를 물리치고 민족 우선으로 문제를 해결하자'는 구호는 이미 많은 사람들의 마음속에 자리를 잡았다. 이러한 호소는 전쟁과 공산주의의 폐해를 경험해 보지 못한 세대에게 특히 큰 효과를 발휘할 것이다. 그런 만큼 북한 체제의 약점과 그 가공할 위협을 주장하는 사람들은 '수구'로 비난받게 될 것이다. 북한을 있는 그대로 이해하고 그에 적합한 정책을 펼치자는 사람들 역시 공격의 대상이 될 수도 있다. 또한 북한 핵문제와 관련된 미국과 그 외 국가들과의 관계에도 갈등을 초래할 것이다. 북한의 엄청난 인권 유린은 눈감은 채 민족을 앞세우는 한국의 자세를 미국은 이해하기 힘들 것이다.

더 이상 민족은 없다

민족주의는 반공주의가 물러가 버린 한국에서 가장 강력한 이데올로기 중 하나가 되었다. 어떤 정책도 민족의 이름으로 합법성을 얻을 수 있다. 한민족 우선주의가 득세하면서 인류 보편의 가치들보다는 감상적인 견해들이 힘을 얻을 것이다. 평화 예찬론자들은 낭만적인 생각을 갖고 있는데, 민족이 오순도순 힘을 합쳐 평화로운 나라를 건설할 수 있다는 믿음이다. 그리고 연방제 통일 같은 구상들을 한다.

연방제 통일은 처음에 조심스럽게 제기되겠지만 결국 거리낌 없이 주장될 것이다. 연방제를 두고 진보와 보수 양 진영은 열띤 논쟁을 계속할 테지만, 우리가 이미 목격했듯이 통일 이슈에서도 이성보다는 감성, 실리보다는 명분, 보편성보다는 민족이 쉽게 힘을 얻을 것이다. 민족주의는 결국 한국에 의한 북한 흡수통일의 기저를 흔들게 될 것이다.

더욱 강력한 이데올로기로서 힘을 얻게 될 민족주의의 진실은 무엇일까? 그것은 1905년을 전후해 이 땅에 새롭게 등장한 개념이지 본래의 유구한 무엇이 아니다. 민족주의에 대해 신선한 시각을 제시한 탁석산 씨는 『한국의 민족주의를 말한다』라는 책에서 이렇게 이야기한다.

> 민족은 근대 이후 우리의 필요에 의해 만들어져 확산된 엔티티(entity)이다. 엔티티는 실제로 존재하는지 여부를 떠나 우리가 존재한다고 여긴다는 뜻에 붙여본 것이다. 민족을 규정할 만한 요소는 별로 없다. 그런데도 아주 강렬하게 우리를 끌어당기는 힘이 있다. 민족의 이름으로 통일이든 무엇이든 해야 할 것 같고 할 수 있을 것 같은 분위기가 이 시대를 뒤덮고 있다. 하지만 따져보면 민족은 만들어진 것이고, 시한을 갖는 임시적인 존재일 뿐이다.
>
> 그런데 민족이 만들어진 것이라고 해서 민족주의의 현실적 힘이 부정되지는 않는다. 여기에서 민족과 민족주의를 구별할 필요가 없다. 민족은 앞서 말한 대로 실체가 없는 이름이다. 하지만 민족주의는 민족을 앞세워 개인과 역사를 초월하는 하나의 주의로 엄연히 현실적 힘을 갖고 있다. (중략) 민족주의를 정의하는 것은 민족을 정의하는 것보다 수월해 보인다. 즉 민족이 개인보다 우선한다는 것이다. 민족의 통일을 위해서는 개인의 희생도 감수될 수 있고 역사의 주체도 개인이 아니라 민족이 된다. 민족이 개인과 역사 그 모든 것을 초월할 수 있다는 것이다.
>
> 민족주의자는 언제나 좋은 말이다. 민족은 좋은 말도 아니고 나쁜 말도 아니다. 민족은 가치중립적이다. 하지만 민족주의는 다르다. 민족의 독립을 위해 싸우다 일제에 의해 처형된 민족주의자는 언제나 정의의 편이다. 왜 민족주의자는 좋은 의미로 쓰이는가? 우리가 사용하는 민족

주의자라는 말 앞에 '박해받는 약소한 민족을 위해 싸우는' 따위의 수식어가 있기 때문이다.

 박해받는 약소민족을 위해 싸우는 사람이 좋은 사람이라고 생각하는 것은 자연스럽다. 그럼 박해하는 강대한 민족은 누구인가? 우리의 근대에서 초반에는 일본이었고 이제는 미국이라고 볼 수 있다. 따라서 일본과 싸운 민족주의자는 선인이고 반미를 외치는 민족주의자는 진보가 되는 것이다.

앞으로 친미는 민족주의 혹은 친북과 반대되는 개념이 될 것이다. 그런데 따뜻한 민족주의적 시각으로 북한을 바라보는 일은 본능만으로 가능하지만, 보편성이라는 틀로 바라보는 일은 민족주의의 허구성과 폐해를 짚어내는 지적 활동을 요한다. 시간과 노력을 들여야만 북한을 바로볼 수 있는 것이다.

 세상은 민족보다 개인을 우선하는 시대로 가고 있고, 그것이 정상이다. 북한은 개인의 기본 권리를 침해하고 억압하는 시대착오적인 체제를 갖고 있다. 그렇기 때문에 다른 체제로 대체되어야 한다고 생각하는 것이 북한을 보는 올바른 시각이다.

 북한문제를 해결하는 유일한 대안은 흡수통일이다. 그러나 이 땅의 많은 낭만주의자들은 이를 받아들이기 어려울 것이다. 20세기의 거대한 사회주의 실험, 북한의 처참한 가난을 목격하면서도 민족 우선주의를 고집할 것이다.

 탁석산 씨는 우리가 선택해야 할 길이 무엇인지 명쾌하게 정리해 주고 있다. 바로 개인의 행복을 우선하는 체제이다. 민족의 이름으로 개인을 억압하는 선택은 불행으로 달려가는 지름길이 될 것이다.

　유럽이 근대에 발견한 것은 개인이었다. 개인이 역사상 처음으로 사유재산을 갖게 되었고 정치에 참여하여 자신의 목소리를 내게 된 것이다. (중략) 다시 말하면 개인의 행복을 제도적으로 보장하는 것이 체제의 목적이다. (중략) 10년 전부터 생겨나기 시작한 시민단체는 지금 전성시대를 이루고 있고 이제는 개인의 권익 보호를 위한 소송이 넘쳐나고 있다. 또한 각종 매체를 통한 정치 참여는 지나칠 정도이다. 즉 세계체제 표준에 가까이 가고 있다. 그것은 국민에서 시민으로 전환하는 것이다. 국민에서 시민으로 전환함은 두 가지를 의미한다. 하나는 국가의 백성으로 사는 것이 아니라 시민이 주체가 되는 국가를 건설한다는 것이고, 다른 하나는 민족을 벗어던져야 한다는 것이다. 즉 국민이 아니라 시민이 되어야 하며 시민은 민족과는 관련이 없다는 것이다.

13 해외로 빠져나가는 돈
한국의 현재

세금을 늘리는 일만이 능사인가

자본은 수익성을 좇아 움직인다. 생산적인 용도를 위한 자금뿐 아니라 자본 이득을 목적으로 하는 돈 역시 예외가 아니다. 그러나 여유자금은 더 이상 기업을 일으키고 일자리를 만드는 데 사용되지 않을 것이다. 수익성이 떨어지기 때문이다. 투자는 아파트, 토지, 주상복합건물 등 '돈이 되는' 곳으로 옮겨다닐 것이다. 정부는 이를 막기 위해 필사적으로 노력하겠지만, 투기는 주기적으로 반복될 것이다.

대다수는 이제 사회적으로 유익한 결과를 낳는 생산적 투자에 신경을 쓰지 않는다. 외자계 은행들은 이미 여유로운 사람들에게 자금을 굴릴 수 있는 기회를 제공하고 수수료를 받는 형태의 비즈니스 모델을 발전시키고 있다. 날로 예대마진(예금금리와 대출금리의 차액)

이 줄어 새로운 수익원 창출이 필요한 은행의 입장에서는 위험 부담이 없는 이같은 모델이 상당히 매력적일 수밖에 없다.

이와 유사한 모델은 국내 은행뿐 아니라 다른 기관들로도 확대될 전망이다. 국내의 자금운용 기관은 투명성이나 익명성 보호의 문제가 있기 때문에, 홍콩이나 기타 지역의 국제적 펀드들이 대상이 될 것이다. 국경을 넘어서는 단기자금 투자의 대열에 한국인들은 적극적으로 뛰어들 것이다. 게다가 여유자금 운영에 갖가지 규제가 따르고 자본 이득에 대한 과세가 속속 도입되면서, 일부 부유층에서 시작된 국외 투자는 여유 있는 중산층까지 확산될 전망이다.

더욱 큰 문제는 불평등 해소를 위한 재원을 확보하기 위해 세목이 추가될지 모른다는 점이다. 어느 정당은 10억 원 이상의 자산에 '부유세'를 징수하겠다는데 그저 아이디어에 머물지는 않을 듯하다. LG경제연구소에 따르면 부유세 대상은 0.04~0.1%(2만~5만 명) 정도이며, 연 11조 원의 조세 수입이 발생한다.

부유세 신설을 주장하는 정당은 그 당위성을 이렇게 주장한다.

"순전히 혼자만의 힘으로 부자가 된 사람은 없다. 다 사회에서 벌어들인 돈이다. 많은 사람들의 피와 땀이 있었기에 가능했다는 말이다. 그렇다면 마땅히 많이 번 사람들은 그만큼 사회에 환원해야 할 것이다. 세금은 사회 구성원들이 더불어 살기 위해 감당해야 할 최소한의 의무이기 때문이다."

부유세 신설에 반대하던 사람들도 시간이 가면 이같은 주장에 익숙해질 것이다. 증가하는 복지 수요를 만족시키기 위해서 어떤 형식이든 세율의 증가나 세목의 신설이 불가피하기 때문이다. 국민 다수의 이같은 압박으로부터 자유로울 수 있는 정당은 없다. 부자는 언제나 소수이기 때문이다.

문제는 과연 자산가들이 부유세 부과를 수동적으로 기다리고만 있을 것인가이다. 부유세 신설을 주장하는 측에서도 별다른 대안이 없는 듯하다.

"부유세를 부과한다고 해서 자산가들이 해외로 이동한다면, 그 자산에 대해서는 부유세를 부과할 수 없으므로, 미래에 걷을 세금을 계산하여 부가세를 부과하면 된다. 다만, 이 정도의 사회적 의무도 이행하지 않으면서 온갖 혜택을 누려온 자산가 층이 해외로 이주하는 것은 있을 수 없고, 국민이 용납하지 않으리라고 본다."

아무리 도덕적 의무에 호소한다 해도 자산가들은 적극적으로 자금의 해외 이전을 추진할 것이다. 비슷한 사례가 1980년대 초반 프랑스에서 있었다. 1981년 미테랑의 사회당 집권은 제2차 세계대전 이후 프랑스에 최초의 좌파 정부를 성립시켰는데, 사회당의 피에르 모로와 수상과 니꼴 께스치오 사회연대성 장관은 모든 정책에서 사회주의 이념에 기초한 개혁을 시도했다. 그러자 자본가들은 재산을 해외로 옮기기 시작했고 해외 투자가들은 프랑스를 기피했다. 이같은 부작용이 심각해지면서 집권 초기의 시도들은 거의 중단되었다.

당시의 프랑스보다 훨씬 가벼운 세금을 물린다 해도, 자본 이동이 훨씬 용이해진 시대에 부자들의 해외 이동을 막을 방법은 없다. 미래의 일이 아니다. 이런 일은 이미 우리 주변에 일어나고 있다. 부유세마저 신설된다면 돈을 가진 사람들의 이동은 더욱 불가피해진다. 그들은 내심 일종의 약탈이라고 생각하기 때문이다.

아듀! 대한민국

고수익을 기대하기는 힘들지만 비교적 안정된 수익을 확보할 수 있을 뿐 아니라 환 리스크를 피할 수 있는 곳이 미국인데, 근래에 재미있는 현상을 발견할 수 있었다. 과거와는 달리 요즘은 이민과 동시에 맨해튼 같은 곳에 아파트를 구입하는 사람들이 늘고 있다. 목적이 주거인 경우도 있겠지만, 투자가 목적인 예도 무시할 수 없다. '기러기 가족'들 가운데도 여유가 있는 부류는 아예 집을 사서 정착 준비를 하는 추세이다. 그중에는 자산 안정을 위한 포트폴리오 차원에서 집을 구입하는 사람들도 있다.

〈한국 부동자금 미국 남부로 몰려〉라는 최근 기사를 보자.

최근 한국에서 부동자금이 몰리면서 LA 코리아타운을 비롯한 미국 캘리포니아 주 남부 부동산 가격이 급등하는 현상을 보이고 있다. 4월 12일 미국 부동산 정보업체 데이터퀵에 따르면 올해 2월 중 캘리포니아 남부(LA·리버사이드·샌디에이고·벤추라·샌버나디노·오렌지카운티)의 주택 거래량은 2만 3,004가구로 15년 만의 최고치를 기록했다. 또 2월 이 지역 주택 가격의 평균(median: 중앙값)은 35만 1,000달러로 전년(29만 2,000달러)에 비해 무려 20.2%나 오른 사상 최고치를 기록했다.

미국 연방주택 기업감시청은 작년 한 해 캘리포니아 주의 주택 가격 상승률은 13.77%로 동부의 로드아일랜드 주에 이어 주(州)별 상승률 2위를 기록했다고 밝혔다. 도시별로는 LA의 주택 가격 상승률이 16.60%로 미국 60대 도시 중 플로리다의 포트피어스·세인트루시(19.31%)에 이어 2위를 기록했다.

특히 LA 코리아타운의 부동산 열기는 후끈하다. 현지 부동산업계는 올해 들어 코리아타운의 중·소형 주택은 가구당 10만~15만 달러, 대형 주택은 20만 달러씩 올랐다고 전했다. 최근 3개월간 무려 30%가 뛴 것이다. 코리아타운의 식당, 커피점 등의 권리금도 최근 2~3년 사이 2배 이상 올랐다. LA의 한 부동산 중개업자는 "예전에 10만 달러였던 카페 권리금이 지금은 20만~30만 달러로 올랐다"고 말했다. 부동산 가격 상승의 주요 원인은 미국에서 40년 만의 최저 금리(기준 금리 1%)로 인해 마땅한 투자처를 찾지 못한 부동자금이 넘치고 있는 것. 하지만 LA 등지의 지역적 급등은 여기에 더해 한국에서 몰려온 투자자들 때문이라고 현지 업계에서 지적하고 있다.

미국 최대 한인 부동산중개 업체 '뉴스타 부동산'의 남문기 대표는 "하루 3,000여 명의 한글 웹 사이트 방문자 중 80% 이상인 2,500여 명이 한국에서 접속하고 있는 것으로 파악하고 있다"며 "한국의 시장이 불안하자 시장세가 좋은 미국 부동산시장에 원정 온 '큰손'도 많다"고 말했다.

국내에서 10억 원대 이상 고액 자산가들 사이에는 LA, 오렌지카운티 등 미국 서부지역과 하와이가 투자 대상으로 가장 주목받고 있다. 신한은행 고준석 부동산 재테크팀장은 "미 서부지역은 한인 교포가 많고, 부동산 가격도 크게 올라 잠재적 투자 의사를 가진 고객들이 상당히 많다"고 말했다. 실제로 지난해 말 오렌지카운티에서 45만 달러짜리 단독주택을 구입한 신모(47)씨는 "매입한 지 3개월 만에 3만 달러 이상 가격이 뛰었다"고 말했다.

한국 투자금이 몰려온 징후는 곳곳에서 나타나고 있다. 저금리인데도 불구하고 교포 은행에 예금이 넘쳐나고 있다. 교포 은행은 주로 재미 교포들을 대상으로 예금과 대출업무를 취급하고 있는데, 한국어가 통하기 때문에 한국인이 많이 찾는 것으로 알려져 있다. 현지 업계에 따르면 한미, PUB 등 5대 교포 은행의 총 자산은 작년 한 해 동안 10억 달러(1조 1,400억 원)가 늘어 60억 달러에 달한다는 분석이다.

작년 9월 퍼시픽시티은행이 문을 여는 등 최근 2~3년 사이 교포 은행 세 곳이 새로 문을 열었다. 한 교포 은행 관계자는 "신설 은행은 예금 확보에 어려움을 겪게 마련이지만, 넘쳐나는 자금 때문에 쉽게 영업 기반을 갖추고 있다"고 말했다. 신설 은행들은 대부분 단기간에 국내 중형 지점 규모인 예금 5,000만 달러(약 570억 원) 수준을 확보하고 있다. PUB 권오훈 이사는 "PUB의 경우 연간 10~20%의 자산 증가세를 보였다"며 "교포 은행에 예금이 많이 들어온다고 하자 LA에서 세 곳이 더 설립을 추진중이다"고 말했다. -《조선일보》2004. 4. 12

미국뿐 아니다. 중국의 부동산에 대한 관심들도 부쩍 늘고 있다. 〈베이징의 한국 복부인들〉이라는 기사는 다음과 같은 내용을 전한다. 그런데, 이처럼 정보가 확산되면 실행도 확산될 가능성이 크다.

중국의 베이징, 상하이 등지에 1주일간 출장을 다녀왔습니다. 세 가지 현장이 특히 기억에 남습니다. 우선 중국의 개발 붐은 알고 있었지만 베이징 전체가 '공사판'일 줄은 몰랐습니다. "한국의 원자재난이 이유가 있다" 싶었습니다. 특히 올림픽 메인스타디움과 경기장들, 부대시설 공사현장은 완전히 '무에서 유를 창조'하는 모습이었습니다. 시내 한복

판이 완전히 모래판으로 변해 있었는데, 그 규모가 10㎢가 넘는다고 합니다. 재개발도 빠른 속도로 진행되고 있었습니다. 'CBD'라 불리는 중심 상업지구에선 지은 지 10년도 안 된 대로변의 건물들이 철거되고 있었습니다. '덜 세련됐다는 점'이 철거의 가장 큰 이유랍니다. 거주자들이 빨리 집을 포기하고 나가면 정부가 보상금을 좀더 주는 방식을 쓰고 있어 실랑이도 별로 없답니다.

한국에서 온 '복부인'들의 활약도 두드러졌습니다. 이들은 건설현장 등을 돌아다니며 '미터당 2만 위안(평당 약 990만 원)이 넘는지'를 유심히 살피더군요. 우리 식으로 하면 평당 3,000만 원쯤 하는 서울 대치동 아파트 수준이라고 할까요. 아무튼 그들은 '월세로 놓으면 5,000달러도 번다더라' '1년 넘으면 값이 떨어지는 게 문제다'는 식의 미확인 정보들을 교환하기 바빴습니다. 현지 가이드에게 물으니 요즘은 '패키지 관광단'과 '부동산 투어팀'이 따로 있다고 합니다. -《동아일보》2004. 4

이런 류의 비즈니스는 크게 각광을 받을 전망이다. 부동산 관련 책들이 봇물을 터뜨렸듯이 세금을 피하는 방법이나 세금 없이 해외에서 자금을 운영할 수 있는 방법, 부동산에 투자하는 방법에 관한 서적들이 급증할 것이다. 불행히도 이미 너무 개방되어 버렸기 때문에 자본 유출을 방지할 수 있는 방법은 제한될 수밖에 없다. 국내의 비난이 일겠지만 세계화라는 대세 속에 국내인만 역차별을 할 수도 없다.

사람뿐만 아니라 돈 역시 한국에 안녕을 고할 날이 멀지 않았다.

14 세계화, 결코 피해갈 수 없다
한국의 현재

이 시대의 최대 가치는 효율이다

세계화(globalization)는 효율성 지상주의를 뜻한다. 모든 것이 효율성으로 평가되는 시대가 열리고 있다. 세계화의 시대에 국경이나 민족이란 개념은 존재하지 않는다. 오로지 경제의 논리, 자본의 논리, 이윤의 논리가 있을 뿐이다. 그런 시대의 변화를 기꺼이 받아들이긴 어렵겠지만 누가 뭐라 해도 세계화의 추세를 막을 수 있는 길은 없다.

마치 봇물 터지듯, 모든 분야가 시장의 세계로 흡수되고 통합되는 모습을 목격하게 되겠지만, 사람들은 익숙한 세계를 쉽게 떠나지 못한다. 내가 종사하는 분야만은 예외라고 막연히 기대하는 사람이나 조직을 볼 때마다 딱한 생각을 지울 수 없다.

시장조사 전문 회사인 포레스터리서치는, 미국의 화이트칼라 직종은 2005년까지 58만 7,000개, 2010년까지는 160만 개의 일자리가 해외로 이전한다고 전망했다. 아웃소싱 분야가 넓어지는 것도 효율성 지상주의 때문이다. 과거에는 콜센터나 컴퓨터 프로그래밍 같은 업종에 그쳤지만 최근에는 회계, 병원, 보험 등 좀처럼 생각할 수 없었던 분야까지 아웃소싱이 확대되고 있다. 이런 현상을 두고 《월스트리트저널》은 '앞으로 재택근무가 가능하거나 고객들과 직접 마주치지 않아도 되는 지식정보 관련 직종들은 더 많이 해외로 빠져나갈 것'이라고 예상했다. 해외 아웃소싱으로 미국 내 화이트칼라 10명 중 1명은 일자리를 잃게 되는 셈이다.

보험 청구 및 병원비 접수 등을 관리하는 병원 원무업무, 회계업무, 건축설계도면의 디지털 작업, 텔레마케팅 등은 해외 아웃소싱이 두드러질 것으로 예상되는 업종이다. 세금 신고가 복잡한 미국 사회의 특성상 관련 직종의 아웃소싱 역시 활발해질 것이다. 별다른 전문성도 요구되지 않고, 100건의 세금 환급을 아웃소싱할 경우 5만 달러의 비용이 절감된다고 한다. 대형 건설사들은 이미 기초적인 도면 설계나 문서 처리를 해외로 넘겨 2~3년 전보다 10%나 많은 인력을 줄였다.

비용을 절감할 수 있다면, 경영자들은 해외이전·구조조정·정리해고·분사 등 모든 수단을 동원한다. 이에 따라 미국에선 한 사람이 예전의 두세 사람 몫을 감당하게 되었다. 『과로에 시달리는 미국인』이라는 베스트셀러의 저자 줄리엣 쇼어는 '지금과 같은 추세가 계속된다면 금세기 말에는 일하는 시간이 1920년대 수준이 될 것이다'라

우울한 전망을 내리기도 한다.

미국의 화이트칼라들은 장시간 노동에 시달리게 되었지만 그렇다고 밝은 미래가 기다리고 있는 것은 아니다. 급진적인 사고로 이따금 사람들을 놀라게 하는 톰 피터스가 '마침내, 화이트칼라 혁명이다!'라고 말할 정도이다. 그는 화이트칼라들에게 몰아치는 변화는 이제 시작일 뿐이며, 책을 읽는 사이 여러분의 일자리는 없어질 수도 있다고 잔뜩 겁을 준다. 어쩌면 여러분의 직업은 소멸하는 중이며, 행운이 함께하더라도 10년 후면 성격이 몰라보게 달라져 있을 것이라고 예상한다.

> 화이트칼라 직종의 90% 이상이 향후 10년 안에 철저하게 혁신되고 재인식될 것이다. 이런 재앙에서 살아남으려는 사람들은 개인적 혁신에 따르는 시련을 이해할 것이다. (중략) 낙오된 후 후회해도 소용없다. 다른 말로 표현하면, '저 녀석이 우리를 덮치기 전에 먼저 기선을 제압하라.'

한국은 어떤가. 전국요식업협회의 조사에 의하면, 직장인의 39%가 점심을 거르고 일을 하며 45%는 전에 비해 점심시간이 줄었다고 한다. 60분이었던 점심시간이 각각 36분과 29분으로 줄었다는 조사 결과도 있다.

세계화는 엄청난 권력의 이동을 뜻한다. 실물시장으로부터 자본시장으로의 권력 이동을 의미하는 것이다. 자본시장에는 클릭 한 번으로 세계 어디로든 자금을 움직일 수 있는 수백만 명의 투자가들이 활동하고 있는데, 『렉서스와 올리브나무』를 집필한 토머스 프리드만은 이들을 '전자투자가'라고 부른다. 이들은 실질적인 권력자들이다.
  한국의 10대 그룹 주식에서 외국인이 차지하는 비중이 50%를 넘어섰다고 한다. 이제 한 기업을, 혹은 한 국가를 굴복시키는 데는 굳이 총칼이 필요하지 않다. 전자투자가 집단의 적대적인 태도와 행동만으로 얼마든지 특정 기업과 국가를 무력화할 수 있다. 토머스 프리드만은 이렇게 말한다.

> 미국이 폭격을 통해 어느 한 나라를 쑥대밭으로 만들어놓을 수 있다면, 초강대시장은 일국의 국채신용도를 강등시킴으로써 그 나라를 쑥대밭으로 만들 수 있다. 다시 말해 세계화라는 장기판을 유지, 관리하는 최고의 힘은 미국이 쥐고 있다. 하지만 장기판 위의 행마가 전적으로 미국의 마음대로 다 되는 것은 아니다.

  전자투자가들은 무엇을 원하는가? 그들 역시 더 큰 이익을 내놓으라고 요구하는 고객의 압력으로부터 전혀 자유롭지 않다. 수시로 발표되는 자금운용 수익률은 성적표처럼 일정 기간마다 언론을 통해 발표된다. 고수익을 올리는 투자가들은 각광받지만, 그렇지 못한 투자가들은 불이익을 감수해야 한다. 치열한 경쟁의 장에 선 투자가들의 목표는 오로지 투자 수익률 극대화뿐이다. 그들은 수익성이 떨어지는 사업을 과감히 버리고 인건비 절약 등과 같이 합리화를 위해 끝없이 줄달음치는 기업들에게 아낌없는 갈채를 보낸다. 그들은 근로자의 희생에는 아랑곳하지 않고 가혹한 경영방식을 고수해 나가는 기업을 추천 종목으로 꼽는다.

세계화, 너무도 빠르고 너무도 두려운

나는 세계화가 구체적으로 어떤 미래를 가져다줄지 정확하게 그려낼 수 없다. 그것은 모든 가능성의 문을 열어둔 세계이기 때문이다. 확실한 것은 다만 어느 누구도 안심할 수 없다는 점이다. 국지적인 범위에서 이루어지던 경쟁은 점점 더 세계적인 규모로 확장되고 있다. 전혀 짐작할 수 없었던 세계 어느 곳에 내일 당장이라도 유력한 경쟁자가 등장할 수 있다.

끊임없이 학습하고, 적응하고, 혁신하는 것을 삶의 방식으로 채택하지 않는 사람들은 도태될 수밖에 없다. 내가 그런 삶을 선택하지 않으면, 지구의 또다른 곳에서 누구든지 그런 삶을 선택할 것이기 때문이다. 세상이 너무 급변한다고 불평하고 저주해도 그것은 한순간의 카타르시스를 제공할 수 있을 뿐, 변화를 되돌려놓을 수는 없다. 함께 모여 구호도 외치고 노래도 부르고 고함도 치면 동지애를 굳히거나 스스로를 위안할 수 있다. 그러나 국제자본과 세계시장의 요구를 받아들이지 않는다면 엄청난 비용을 지불해야 한다.

세계화의 거센 물결을 차가운 이성이 아니라 뜨거운 감성으로 맞는다면, 모든 사람을 동질화시키고 모든 것을 표준화해 버리는 세계화란 타도해야 할 제국주의의 음모로밖에 여겨질 수 없을 것이다. 그런데 감정은 이성을 앞서게 마련이다. 변화에 동참해 과거를 체계적으로 폐기하고 미래를 향해 질주하는 사람은 소수이다. 그들은 외국과의 교역 등을 통해 살아 숨쉬는 현장을 온몸으로 이해할 가능성이 높다. 그들에게 세계경제란 변신과 적응 그 자체이다. 하지만 한국 사회의 다수는 그런 체험을 한 기회가 없었다. 게다가 있는 그대로의 변화를 직시할 별다른 인센티브도 없다.

 변화를 주도하는 소수와 변화를 수용할 수 없는 다수의 갈등과 반목은 계속될 것이다. 다수는 불안한 자기 처지의 원인을 스스로가 아니라 외부와 타인에게서 찾게 될 것이다. 이처럼 불안한 정서에 호소해 원하는 세상을 만들어가는 세력도 있을 것이다.

 쌀 개방도 이 가운데 한 가지이다. 오래 전부터 한국 농업의 구조 전환에 대한 논의가 분분했다. 냉엄한 현실을 직시하고 근본적인 대책을 세웠어야 했다. 그러나 누구도 정치적 위험을 부담하기를 원하지 않았다. 게다가 이해가 걸린 다수의 사람들 역시 닥쳐올 미래보다는 당장의 이익에 눈길을 주었다. 사양화가 불가피한 분야에 엄청난 재원을 쏟게 되었고 그것은 오히려 농가 부채의 증가로 이어졌다.

 1994년부터 2003년까지 10년간 약 62조 원의 예산이 농촌의 구조 개선 사업에 투자되었다. 엄청난 돈이 투자되었지만 농가 소득의 증가는 정체되고 빚은 여전히 가파른 속도로 늘어나고 있다. 1993년에 농가당 평균 부채는 682만 8,000원이었지만, 2003년의 부채 규모는 2,697만 1,000원으로 거의 4배가 증가했다. 당분간 이런 추세는 계속될 것으로 보인다. 게다가 일본 농민들의 경우 소득의 농업 의존도는 14.5%에 불과하지만 우리는 여전히 40.8%에 달한다.

 세계화의 파도는 아직 밀려오지도 않았다. 본격적인 쌀 개방은 중국 쌀이 들어오는 2005년 무렵부터 시작된다. 동북 3성(지린, 랴오닝, 헤이룽장)의 쌀은 중국에서도 미질이 뛰어나기로 유명하다. 쌀 시장이 추가로 개방되면 미질이 뛰어난 중국 쌀이 수입시장의 60~70% 이상을 차지할 것으로 전망된다. 동북 3성의 논 면적은 우리나라 전체 논 면적(100만ha)의 2배가 넘는 216만ha에 달해 공급 능력도 엄청나다. 가격도 최소한 30% 이상 싸게 공급될 수 있다고 한다.

이런 저런 이유로 보호되었던 거의 전 영역이 개방에 노출될 것이다. 현명한 사람들은 변화의 불가피함을 받아들인다. 경쟁이란 개방과 경쟁 속에서만 꽃을 피운다는 사실을 알고 필요한 변화를 추진한다. 반면 우둔한 사람들은 애써 눈을 감아버린다. 그리고 믿고 싶은 대로 살아간다. 그러나 자신이 어떻게 믿든지 세상의 흐름을 바꾸어 놓을 수는 없다. 바꿀 수 없다면 적응해야 한다.

이런 평범한 사실을 받아들이는 데도 무척 오랜 시간이 필요하다. 토머스 프리드만은 세계화에 본능적인 거부감을 가진 사람들의 상태를 이렇게 비유하고 있다.

이제 존재하는 것은 '빠른 세상'과 '느린 세상'뿐이다. 빠른 세상은 넓게 펼쳐진 열린 평원의 세계요, 느린 세상은 뒤처진 사람들 또는 의도적으로 평원에서 떨어져 살려는 사람들의 세계다. 느린 세상의 사람들은 빠른 세상이 너무나 빠르고, 너무나 두렵고, 너무나 동질화될 것을 요구하고, 너무나 많은 능력을 발휘할 것을 요구하기 때문에 어떤 인위적인 장벽이라도 쳐서 그 안에 안주하고자 하는 사람들이다.

세계화 시대에는 자본주의 논리에 따라 비효율적 기업들이 신속히 파괴되도록 하고, 비전 없는 사업에 묶여 있던 돈이 더 혁신적인 사업으로 자유로이 흘러갈 수 있도록 하는 나라들만이 번성한다. 반면 비효율적 기업들이 창조적 파괴 대상이 되지 않도록 권력의 힘을 빌려 보호하는 나라들은 시대의 낙오자가 될 뿐이다.

과연 한국 사회는 세계화의 본질을 정확히 이해하고, 이에 맞게 변화할 수 있을까? 쉽지 않을 것이다. 세계화는 스스로의 선택에 더욱 큰 책임을 지고, 더욱 치열하게 삶을 개척하라고 요구한다. 한국인들은 창조적 파괴를 허용할 만한 지혜와 용기를 가질 수 있을까?

외환위기의 긴장이 우리 사회를 지배하던 때만 하더라도 창조적 파괴의 일상화를 충분히 기대할 수 있었다. 그러나 이제는 다르다. 사회는 더욱 경화(硬化)되고 있다. 보호막을 걷어야 하는 분야에서도 전혀 그런 일이 일어나지 않는다. 결국 비용은 비용대로 지불하고 벼랑 끝으로 내몰리는 일들을 목격하게 될 것이다. 우리가 쌀문제를 어떻게 해결해 왔는가를 보면 미래를 짐작할 수 있다.

15 한국 경제를 뒤흔드는 차이나 쇼크

한국의 현재

무섭게 추격해 오는 중국

중국의 반도체산업은 세계적인 경쟁력을 확보할 수 있을까? 삼성경제연구소가 발간한 「반도체 강국으로 부상하고 있는 중국」을 보면, 《아시안 월스트리트저널》과 일본무역진흥회의 보고서를 인용해 다음과 같은 진단을 내놓고 있다.

외국인 투자 급증: 지난 3년간 투자액(100억 달러)이 이전 30년간 투자액의 3배.

외국 기업 기술을 흡수: 중국 SMIC(2000년에 설립된 중국 반도체 기업으로 가장 빠르게 성장하고 있다)의 경우 모토로라의 천진 팹을 인수했고 인피니온, 엘피다 등과 제휴.

해외 인력 활용: 중국 업체에 많은 대만 출신들이 근무(SMIC의 CEO는 대만 출신인 리처드 창, 4,000여 명 직원 중 1/4이 대만계 혹은 미국 출신).

내수시장 급성장: 선진국에서는 포화 상태인 가전제품(TV, 오디오, 세탁기 등)이 중국 시장에서는 판매가 늘어나고 있고, 조립 중심인 하이테크 제품(PC, 디지털 카메라, DVD 플레이어 등)은 저임인 중국으로 이전중.

대규모 외자가 유입되기 시작하고, 필요한 고급 인력을 충분히 확보할 수 있고, 제품을 판매할 시장이 존재하고, 생활수준을 향상시키려는 열망이 있다면 그 산업이 세계적 경쟁력을 확보하는 것은 시간 문제일 뿐이다. 게다가 정부가 전략적 마인드를 갖고 정책적으로 육성하기 시작한다면 선발 주자와의 격차를 훨씬 빨리 줄일 수 있다. 중국 정부는 2015년까지 3단계에 걸친 반도체산업 발전 전략을 수립했다. 60개 이상의 최첨단 라인을 건설할 계획을 갖고 한국과 일본 등 선발 주자들을 맹추격하고 있는 것이다.

삼성경제연구소의 보고서는 중국 반도체산업의 미래에 대해 다음과 같이 전망했다.

중국 부상은 세계 반도체산업의 경쟁 구도를 변화시켜서 한국에게 기회이자 위협이 되고 있다. 중국은 거대시장이면서 반도체 수요의 80% 정도를 수입에 의존하고 있다. 공급 과잉이 주기적으로 발생하는 반도체산업의 특성상, 중국 참여는 공급 과잉 심화와 기존 업체들의 구조조정을 초래할 것이다.

2005~2006년에 예상되는 반도체 경기의 하강은 중국의 투자 확대가 주된 원인이 될 것이며, 외국 첨단기술의 빠른 흡수를 통해 경쟁력을 확보할 경우 중국은 위협적인 경쟁 상대로 부상할 것이다.

앞으로 중국 반도체의 향방이 한국의 반도체산업에 핵심 변수가 될 것이며, 중국의 풍부한 자본과 인력, 빠른 속도의 첨단기술 축적, 국가 차원의 산업 육성 의지에 주목해야 한다.

단지 반도체산업에만 적용되는 이야기는 아닐 것이다. 가전·통신·석유화학·조선·철강 등 대부분의 제조업에서 비슷한 스토리가 전개될 것이다. 이미 중국은 전 세계 필름 카메라의 50%, TV의 30%, 에어컨의 30%, 세탁기의 25%, 냉장고의 20%, 모바일폰의 3분의 1, 디지털 카메라의 17%, DVD 플레이어의 20%, 광대역 라우터 및 모뎀의 28%를 생산할 만큼 세계의 공장으로서 자리를 굳히고 있다.

중국은 또한 '세계의 R&D(연구개발)센터'로서 면모를 일신해 가고 있다. 저렴한 인건비, 풍부한 인재풀, 거대한 내수시장에 매료된 글로벌 기업들이 속속 중요한 R&D센터를 중국에 입주시키고 있다. 인텔·IBM·GM·노키아·지멘스·모토로라·에릭슨·루슨트테크놀로지·NEC·유니레버·폴크스바겐·P&G·마쓰시타전기·삼성전자·LG전자 등 세계 500대 기업 중 중국에 R&D센터를 세우지 않은 곳이 드물 정도라고 한다.

과거 일본은 1973년까지 거의 27년 동안 연간 8%의 성장률을 유지했다. 한국 역시 1989년까지 거의 30년 동안 고성장을 지속했다. 마찬가지로, 언젠가는 중국 붐도 수그러들겠지만 그래도 최소한 10년은 고성장을 계속할 것이다. 물론 2007년 금융시장 개방과 2008년 올림픽 이후 단기적인 홍역을 치를 가능성도 있다. 그동안 고성장에 가려 드러나지 않았던 부실한 부분들이 자본시장에 모습을 드러낼 수도 있다. 중국 금융의 경험 부족과 금융시장에 대한 무지가 경제의 순항에 충격을 줄 여지도 있다.

그러나 생활수준을 높이려는 중국인들의 열의가 있고 투자가들의 긍정적인 시각이 함께하는 한 중국 경제는 순항할 것이다.

차이나 쇼크의 실상을 심각하게 느끼는 사람은 많지 않다. 서둘러 공장을 중국으로 이전하는 사업가 정도가 심각성을 느끼는 부류이다. "중국제에 비해 경쟁력이 떨어져 사업을 접어야 겠다"고 말하는 사람이 조금씩 늘어나고 있을 뿐이다. 그러나 이는 서막에 불과하다. 차이나 쇼크의 직격탄을 맞고 있는 대만의 경우를 살펴보자.

"지금 대만 전역에는 비어 있는 주택이 90만 호에 달한다고 합니다. 수십만 명이 중국으로 몰려갔기 때문이죠."

대만 기업 10만 개가 중국에 진출했고, 중국에 상주하는 대만인이 100만 명에 달한다는 통계도 있다. 그런가 하면 타이완 전기전자공업공회(公會) 소속 회원사가 지난 1년 사이 500여 개(4,500개에서 4,000개로) 줄었다. 중화 경제권의 대두는 피할 수 없는 현실이 됐다. 이것을 피하려 하거나 저항하는 것은 무의미함을 동아시아는 깨달아가고 있다. 타이베이 근교의 본사에서 만난 반도체 부품 메이커 GTA의 차이융지(蔡永基) 총경리는 중국 발(發) 태풍 앞에 선 대만 경제의 입장을 이렇게 요약해 주었다.

"한 발이라도 앞서 달리는 수밖에요. 그걸 못하면 (중국에) 잡아먹혀, 아마도 필리핀처럼 되겠지요." - 《조선일보》 2004. 4. 12

한국도 핵심기술을 갖고 적극적으로 중국 기업들을 찾아나서는 일이 자연스럽게 이루어질 것이다. 지난날 우리 근로자들이 중동에 나가 외화 벌이를 했듯이, 특별한 기술을 가진 엔지니어들이 중국을 찾게 될 것이다. 특히 기업에서 충분한 경력을 쌓은 임직원들은 중국에서 더욱 환영받을 테고, 직장인들 사이엔 영어 대신 중국어 학습 붐이 일어날 것이다. 중국 역시 한국 인재들을 스카우트해 가는 데 적극적으로 나설 것이다.

그뿐인가. 중국은 급속히 축적된 자본을 갖고 한국의 내수시장에 뛰어들 것이다. 일정한 프리미엄을 지불하고 한국의 유망한 중소기업이나 벤처기업들을 매수할 것이다. 핵심기술을 보유한 한국의 기업 목록을 들고 와 기업을 인수하는 광경을 보는 일은 조금도 이상하지 않게 될 것이다. 불확실한 환경에서 고민하는 기업들 중 일부는 적극적으로 중국의 매수, 합병에 응할 수도 있다.

그럼에도 불구하고 한국인들은 이러한 사태에 준비할 수 있는 시간을 계속 낭비할 것이다. 중국이 거의 전 품목에서 자기완결형 구조를 갖추고, 이 과정에서 한국은 고실업과 내수의 잠식이란 격랑에 휩쓸려 들어가게 되어도, 지난 10년을 후회할 뿐, 때는 이미 늦은 상태일 것이다.

중화 민족주의의 부활

경제력은 국력의 바로미터이다. 더욱이 경제력은 큰 군사력을 보유할 수 있게 한다. 역사적으로 자신들을 세상의 중심으로 자부해 온 중국은 주변국으로부터 항상 패권을 추구하는 국가로 인식되어 왔다. '동북공정(東北工程)' 역시 중국의 속내를 아는 데 도움이 되고도 남는다. 고조선사와 고구려사, 발해사까지 국경 내에서 벌어진 모든 역사를 중국사로 만들고자 하는 움직임의 기저에는 '중화(中華)' 민족주의가 있다. 세계에 중심에는 중국이 있다는 것이다.

중화 민족주의의 부활은 한반도에도 큰 영향력을 미칠 것이다. 중국은 한반도에서 미국의 영향력을 약화시키는 전략을 구사할 것이다. 이미 중국은 북한이라는 지렛대를 활용해 한반도에 대한 영향력을 증가시키고 있다. 한국의 대중(對中) 교역 규모가 커지고 기업들의 중국 진출이 늘어나면서, 중국은 자연스럽게 자신의 숨은 의도를 행사할 수 있게 되었다. 중국의 군사력 강화는 이미 해양과 우주로 확대되고 있다. 남중국해 등의 영해문제와 해상 실크로드 장악, 석유 같은 해양 자원의 개발 등과 맞물려 주변국들과 마찰을 빚을 소지도 크다.

국경 너머 불과 700킬로미터 떨어진 곳에 있는, 미국의 동맹국을 중국이 과연 인정할 수 있을까? 통일된 한반도가 우호적인 태도를 취하리라는 확신이 없는 한, 중국은 쉽게 통일을 용인하지 않을 것이다. 중국은 철저히 자국의 이익이라는 관점에서 한반도문제를 대할 것이기에 북한이 어떻게든 체제를 유지해 주기 바랄 것이다. 그리고 중국은 북한 정권의 지속 여부에 어떤 형식으로든 결정권을 갖고 있다.

전통적으로 중화사상을 견지해 온 중국은 이따금 도를 넘는 정치적 영향력을 행사할 가능성도 있다. 외교상 문제를 일으키겠지만, 경제적으로나 정치적으로 상당 부분 예속 상태에 들어간 한국으로선 불평을 털어놓을 곳이 없게 된다. 중국 정치가들의 머릿속에 한국은 조공을 꼬박꼬박 갖다 바치던 변방의 한 나라보다 조금 나은 위치 정도로 포지셔닝될 것이다.

일각에서는 한미관계보다 한중관계를 중시해야 한다는 분위기가 조성되고 있는데, 앞으로는 중국 쪽으로 더욱 기울게 되리라고 본다. 실용보다는 명분이 득세하는 이 사회에서 친미보다는 그 편이 더 편안하기 때문이기도 하다. 친중을 비난하는 사람은 없다. 중국과 미국 사이에서 적당한 균형을 유지하는 것이 옳다고 주장하는 사람들은 친미주의자라는 오명을 덮어쓸 수도 있다. 그러나 미국은 21세기 상당 기간 세계 유일무이한 강대국의 지위를 유지할 것이고, 그런 면에서 미국과 중국 모두와 선린 우호관계를 유지하며 현명하게 대처해 나가야 한다.

미국과 중국의 21세기 아시아 패권 쟁탈전을 다룬 책 『홍군 vs 청군』의 저자 이장훈 씨는 이렇게 전망하고 있다.

> 중화의 부활은 한반도를 다시 국제 정세의 회오리 속으로 몰아갈 수 있다. 한반도는 이미 중국의 영향권에 상당히 빠져들고 있다. 중국은 북한 핵문제를 이용해 자국의 이익을 최대한 얻어내는 전략을 구사해 왔다. 미국을 견제하기 위해 북한의 붕괴가 바람직하지 않다고 생각하고 있는 중국으로서는 북한 체제의 적당한 유지가 필요하다. (중략)

한국에게 중국의 북한 카드는 상당한 효력을 발휘해 왔다. 한국은 미국과 안보 동맹을 맺은 국가이지만 북한의 남침 저지와 핵문제의 평화적 해결을 위해서는 중국에 더욱 기대를 할 수 밖에 없다. 중국은 또 미국을 제치고 한국의 최대 수출시장이 되었으며, 한국 기업들은 생산시설을 이전하는 등 대규모 투자까지 하고 있다. 중국은 이를 이용해 통일된 한반도가 중국의 영향권에 있도록 장기적인 계획을 추진하고 있다.

과거의 맹방이었던 한국과 미국과의 관계는 갈수록 멀어지고 있다. 반미 감정이 최고조에 달하고 있으며 인계철선이 되어온 주한 미군도 후방으로 철수하고 있는 상황이다. 반면 한국전쟁 때 북한을 지원한 중국과 한국의 관계는 더욱 친밀해지고 있는 것이 현실이다. 반미를 외치는 소리는 커지고 있으나 반중의 목소리는 거의 없다. 하지만 반도 국가인 한국이 어느 한쪽에 치우친다는 것은 오히려 화를 자초할 위험이 있다. 만약 미국과 중국이 한반도에서 패권을 놓고 다툰다면 한국의 선택은 무엇일까. 통일을 지향하는 한국은 지금부터라도 양국의 전략을 분석하고 대비책을 마련해야 할 필요가 있다.

16 깊어가는 세대간 갈등
한국의 현재

한국, 무슨 일이 벌어지고 있나

사람은 나이와 함께 대개 보수적으로 변한다. 마찬가지로 사람은 재산 축적과 함께 보수화된다. 여기서 보수화란 변화에 무작정 저항한다는 뜻이 아니라, 앞뒤를 찬찬히 따져보고 선동적인 구호에 좀처럼 현혹되지 않는다는 것을 뜻한다.

우리는 2003년의 대통령 선거와 2004년의 국회의원 선거를 거치면서 젊은 세대와 기성 세대의 정치적 견해가 무척 간격이 크다는 사실을 다시 한 번 확인했다. 한 가지 대표적인 사례가 대통령 탄핵에 대한 젊은 세대와 기성 세대의 시각차이다. 다수의 젊은 세대들은 대통령의 실책과 탄핵이라는 벌 사이에는 관련이 없다고 생각한다. 탄핵 소추는 기득권을 가진 국회의원들의 월권이라고 보는 것이다. 반면 다수의 나이 든 세대는 탄핵 소추가 법에 따라 이루어진 정상적인 절차라고 본다. 이같은 의견 차이의 이면에는 깊은 의미가 숨어 있다. 단순히 탄핵이 아니라 현 체제를 어떻게 바라보느냐의 문제인 것이다.

나이 든 세대는 우리 체제에 대해 비교적 호의적이다. 그들은 한국이란 나라가 지난 두 세대에 걸쳐 일구어낸 업적들을 긍정적으로 평가한다. 이 사회의 부족한 점에 불만이 없지는 않지만, 그런 점조차 점진적인 방법으로 고쳐갈 수 있다고 믿는다. 때문에 체제를 변질시킬 가능성이 있는 급속한 조치들에 대해 부정적인 견해를 갖고 있을 뿐만 아니라 의심의 눈초리를 보내기도 한다. 정치가들이 포장을 달리해서 내놓는 개혁의 구호와 이를 달성하기 위한 각종 조치들에 대해서도 유보적이고 신중한 태도를 취한다.

반면 젊은 세대 중 많은 이들은 우리 체제에 대해 비판적이다. 대한민국이 성취한 업적보다는 부족한 부분에 주목한다. 젊음이 가진 특성이 언제나 그렇듯 '개혁'이라는 이름의 급속한 변화에 동조하는 경향이 강하다. 그들은 실업이 심화되고, 빈부격차가 확대되는 현상도 현 체제가 가진 구조적인 문제점에 더욱 큰 비중을 둔다. 흔히 말하는 기득권층의 독식에 원인을 돌리기가 쉽다. 그런 독식을 낳는 구조를 변화시킬 수만 있다면 만사가 형통하리라고 믿는 젊은 세대들이 의외로 많다.

세대 갈등을 심층적으로 분석한 송호근 교수는 『한국, 무슨 일이 일어나고 있나』라는 책에서 '2030세대'가 아버지세대로부터 찾아낸 쓸 만한 것은 평등주의뿐이라고 말한다. 기성세대들이 권력집단과의 연줄로 성공한 사람들의 부조리를 공격하고 그것을 누리지 못한 자신을 위로하는 신념으로 평등주의를 활용했던 것과 마찬가지로, 젊은 세대들 역시 학력 위주의 엘리트 서클을 공격하고 사회의 중심부로 진입하는 데 실패한 다수의 사람들을 위안하는 훌륭한 도구로 평등주의를 이용하고 있다.

2030은 기성세대와 꼭 마찬가지로 타인의 권리를 인정하는 데에 평등주의를 적용하기보다는 성공한 사람과 자신의 불이익을 견주는 데에 활용하는 것을 더 즐긴다. 자유와 평등을 조화시키는 덕목인 시민윤리를 배양하는 공적 기제가 없기는 기성세대와 사정이 그리 다르지 않다. (중략) 기회균등이라는 2030의 강조점은 사실상 국가와 사회가 궁극적인 책임을 져야 함을 부각시킨 개념이다. 다시 말해, 2030이 세대적 가치관의 핵심요소로 내면화한 세 가지 덕목인 개인주의, 시장합리화, 평등주의에서 '개인적 책무'는 오히려 소실되고, 국가와 정치권력의 책임, 또는 잘사는 계층과 입신출세한 엘리트 집단의 책임과 그것을 방기한 지배 집단의 비윤리성을 비난하고자 하는 의도가 짙게 배어나는 것이다. 인터넷 토론광장에 자주 출현하는 정치권과 사회에 대한 비난은 2030의 이런 의식의 프리즘이 배태한 산출물이다.

보다 감성적인 젊은이들

지금 젊은 세대들도 영원히 혈기왕성한 세대로 남아 있을 수는 없다. 그들 역시 세월의 흐름과 함께 보수화될 수밖에 없을 것이다. 하지만 그들은 향후 10년간은 변함없이 평등주의에 대해 우호적일 것이다. 점진적 개선보다는 급속한 변화를 원할 것이며 그런 정책을 투표로 지지하게 될 것이다. 내가 이 책을 집필하고 있는 동안에도 어느 진보 정당의 정치인은 이런 말을 했다.

> 그는 마지막으로 '사회주의적 이상과 원칙을 계승 발전시켜 해방공동체를 구현할 것' '한국 정치는 민주공화국이라는 이름을 내걸었으나 억압과 착취를 뼈대로 하고 미국에 종속되어 반민족적 행태를 일삼고 있다'는 등의 몇몇 강령 문구가 지나치게 과격한 표현 아니냐는 질문에 대해 "합당한 이유가 있으면 개정을 검토할 수 있으나 표를 의식해 바꾸는 일은 없고 당분간 그대로 둘 것"이라고 말했다. 그는 "민노당은 자본주의의 모순을 극복한 사회주의를 표방하고 있으나 북한의 우리식 사회주의나 구소련의 국가사회주의, 유럽 사민주의를 모델로 하고 있지는 않다"며 "헌법에 자본주의만 하라는 말이 어디에 있느냐"고 반문했다.
> -《동아일보》 2004. 4. 21

정치인이란 결국 유권자들의 욕구를 읽어내는 능력이 있어야 정권을 쥘 수 있다. "헌법에 자본주의만 하라는 말이 어디에 있느냐"고 큰소리 칠 정도로 그는 정치 지형의 변화에 확신하고 있는 것이다. 이 같은 확신은 아마도 젊은 세대에 대한 큰 기대에서 나올 것이다.

뚜렷한 견해를 갖지 못한 사람이라면 또래 집단으로부터 동조압력이란 것을 받게 마련이다. 특히 사회 현안은 당장 자신의 이익이나 손해와 관련이 없기 때문에 동조압력이나 직관적인 판단에 의존할 가능성이 높다. 따라서 대선과 총선, 탄핵 정국에서 그랬듯이 앞으로도 인터넷이나 영상매체는 큰 역할을 발휘하게 될 것이다.

앞으로는 사회적 이슈가 공론화되어 가는 과정에서 '밈(meme)'을 주목할 필요가 있다. 리처드 도킨스는 『이기적 유전자』에서 밈을 다음과 같이 표현한다.

밈은 노래, 아이디어, 선전 표어, 패션일 수도 있으며 항아리나 빌딩의 아치를 만드는 방식일 수도 있다. 마치 유전자들이 정자나 알을 통해 신체에서 신체로 건너뛰면서 유전자풀(gene pool) 내에서 번식을 하듯 밈도 모방을 통해 두뇌에서 두뇌로 건너뛰는 방식으로 밈풀(meme pool)에서 번식을 한다.

정치적 견해는 문화적 전달 단위를 구성하는 밈의 일종이다. 탄핵 정국에서 복거일 씨가 언급한 내용은 앞으로 한국 사회에서 일어나게 될 일들을 시사하고도 남음이 있다.

탄핵과 관련된 견해들처럼 뚜렷한 생각들은 밈이라 불린다. 밈은 사람들의 마음으로 퍼져나가면서 자신을 복제한다. 어떤 사람이 다른 사람의 의견을 듣고 그것에 동조하면, 그 의견이라는 밈은 그의 머리에서 복제된다. 그가 그 밈을 제삼자에게 얘기해서 그 사람이 동조하면, 그 밈은 다시 복제된다. 이런 과정을 통해서 밈은 퍼져나간다.

유전자가 생명의 기본 단위이듯, 밈은 문화의 기본 단위이다. 유전자가 자연 환경의 생물적 틈새를 놓고 다른 유전자들과 경쟁하듯, 밈은 사람 뇌의 공간을 놓고 다른 밈들과 경쟁하며, 경쟁에서 이긴 밈들은 사람

뇌들로 퍼진다. 유전자의 전파는 새로운 세대의 출현을 통해서 이루어지므로 느리지만, 밈의 전파는 의사소통을 통해서 이루어지므로 빠르다. 텔레비전과 인터넷의 시대에선 특히 빠르다. 어떤 밈이 다른 밈들과의 경쟁에서 이기면, 여론이 형성된다.

　탄핵 반대 밈처럼 이해하기 쉽고 직관에 맞는 밈들은 널리 퍼지고, 탄핵 지지 밈처럼 한참 따져봐야 이해되는 밈들은 못 퍼진다. 탄핵 반대 밈이 쉽게 다수 여론의 자리를 차지한 것이 이상하지 않다. 탄핵 반대 밈의 이런 성공에서 텔레비전의 역할도 물론 컸다. 탄핵 반대 밈을 갖가지 형태로 포장해서 방송함으로써 그것이 널리 퍼지도록 도왔다.

　어떤 밈이 쉽게 퍼지려면, 사람들의 마음속에 이미 자리잡은 다른 밈들과 친화력이 있어야 한다. 밈은 독립적으로 존재하고 작용하는 것이 아니라 다른 밈들과 공생한다. 그래서 이미 사람들의 뇌 속에 존재하는 밈들과 잘 어울리는 밈들만이 성공적으로 퍼진다.

당장의 가시적인 성과를 낼 정치적 견해가 젊은 세대에게는 호소력이 강하다. 단순하고, 이해하기 쉽기 때문이다. 그러나 선택의 효과는 오랜 시간을 두고 드러난다. 다만 젊은 세대에겐 그것을 꼼꼼히 챙길 만한 인센티브가 없다.

2

10년 후 한국: 우리는 살아남을 수 있을 것인가?

1 좌향좌와 우향우, 어디로 가야 하나
10년 후 한국

좌향좌로 가는 한국, 저 나라가 왜 저러지?

일찍이 『열린 사회와 그 적들』을 저술한 칼 포퍼는 다음과 같은 말을 남겼다.

> 추상적인 선을 실현하려고 하지 말고, 구체적인 악을 제거하기 위해 노력하라. 정치적 수단을 사용하여 행복을 이룩하려고 하지 마라. 구체적인 비참함을 없애는 것을 목적으로 삼아야 한다. 좀더 구체적으로 말하면 직접적인 수단을 사용하여 가난을 없애려고 노력해야 한다.

가난을 없애는 직접적인 수단은 많은 일자리를 만들어내는 일이다. 정치가 일자리를 만들어내는 것이 아니라는 사실은 모두가 잘 알고 있다. 즉 경제에 대한 정치의 영향력을 줄이는 일이 일자리 창출의 지름길이다. 하지만 향후 10년간 한국은 정치적인 수단을 이용해 이상적인 사회를 만들 수 있다고 믿는 사람들의 목소리가 드높아질 것이다. '좌향좌(左向左)'만이 한국을 구원하는 길이라고 외치는 정치인들도 등장할 수 있다.

10년 안에 사회주의 이념을 이 땅에 구현하는 정권이 등장할 가능성은 희박하다. 하지만 사회주의 이념을 지향하는 정당들은 더 많은 유권자의 호응을 얻게 되고, 원내외에서의 발언권은 커질 것이다.

반 시장 심리가 유행하고, 이를 정책화하는 일이 발생하면 돈을 가진 사람들은 더욱 몸을 사리게 될 것이다. 시간이 가면서 저성장과 고실업은 구조적인 현상으로 자리를 잡고, 한국 사회는 세계인들에게 대단히 흥미로운 사례를 제공하게 될 것이다. 초근목피(草根木皮)의 가난에서 벗어나 눈부신 고도성장을 거친 다음, 사회주의 색채를 띠게 된 나라. 외국인들은 고개를 갸우뚱하며 말할 것이다. "저 나라가 왜 저러지?"

어려운 상황이 되면, 다수의 사람들은 '한번 바꿔보자'라고 생각한다. 그러나 어떻게 바꿔야 하는지 깊이 고민하는 사람은 많지 않다. 어떻게든 바꿔야 한다는 절박함 때문에 보다 개혁적이고 '섹시'한 정책을 제시하는 정치인을 선호하게 된다. 이런 과정에는 언론도 큰 몫을 한다.

차기 대선까지는 그럭저럭 견딜 만한 수준이겠지만 경제 사정은 점점 어려워질 것이다. 진보 진영은 가열한 개혁만이 나라를 구한다고 유권자들을 설득할 것이다. 그러나 보수 진영은 집권의 청사진을 제시하는 데 실패할 것이다. 사상전쟁의 중요성을 간과하고 경제난이 체제 때문임을 입증하지 못할 것이기 때문이다. 절박감 부족, 운동 방법의 낙후도 실패의 원인이 될 것이다.

앞으로 10년, 경제가 어려워져도 진보 진영은 득세한다. 그들은 보수 진영의 늙고 무능함, 부패를 지적하며 언론을 주도함으로써 장기 집권의 초석을 다질 것이다. 진보 진영의 논리는 텔레비전이나 인터넷처럼 파워가 뛰어난 미디어를 통해 착실하게 확대되고 재생산될 것이다. 젊은이들은 그런 논리들을 자연스럽게 받아들이고, 진보 진영의 집권에 계속해서 큰 힘이 되어줄 것이다.

진보 진영의 득세는 10년 이상 계속되지 않을까 싶다. 그리고 그것은 정치뿐 아니라 경제, 사회, 문화 등 모든 면에 진보의 색채가 더해지는 것을 뜻한다.

좌와 우, 그 기로에 선 한국

흔히 이념의 시대는 지나갔다고 하지만 좌와 우, 진보와 보수 사이의 이념 갈등은 더욱 심화될 전망이다. 사람들 역시 이념이 중요하다는 사실을 깨닫게 될 것이다. 정치권력을 누가 잡는가에 따라서 자신의 생활이 얼마나 달라지는지 비로소 체험하게 되기 때문이다. 사람들은 대선이나 총선에 더욱 열중하게 되고, 상대방을 함께하기 어려운 이들로 간주하기 시작할 것이다. 지역 갈등과 세대 갈등에 더해 이념 갈등까지, 한국 사회는 분열되어 나갈 것이다.

이해집단들 사이 갈등도 예상된다. 집권 초기에는 누구나 개혁을 원하겠지만, 워낙 이해집단들의 저항이 강하기 때문에 말만 무성할 것이다. 실천에 옮겨지는 정책이 있다 해도 처음 취지와 달리 누더기가 되어 있기 십상이다. 게다가 자기 관점에서는 개혁이지만 결국은 엉뚱한 방향으로 체제를 변질시키는 일들이 빈번할 것이다. 10년 후, '개혁'은 그야말로 '오염된 단어'가 되어 있을지 모른다.

'곳간에서 인심 난다'고 경제가 제대로 돌아가고, 그 과실을 나눌 수 있는 사람들이 많아질수록 급진적인 선택을 할 가능성은 낮아진다. 하지만 저성장과 고실업의 지속 속에 빈부격차가 심해진다면 누구든지 돌파구를 찾기 위해 급진적인 선택을 할 수 있다. 게다가 한국 사회와 한국인의 심성 저변에는 사회주의적 심리가 짙게 깔려 있다.

서울대 송호근 교수는 자신의 저서에서 한국인의 익숙한 사고방식 10가지를 들고 '고도성장의 사회심리'라 이름붙였는데, 나는 그것이 고도성장기의 심리라기보다는 본래 한국인의 마음속에 있는 특징이라 생각한다. 평등주의·의사(疑似) 사회주의·낙관주의·권위주의·이기적 자조주의·가족주의·독단주의·연고주의·엘리트주의·국가중심주의가 그 10가지인데 그중 몇 가지만 살펴보자.

- 평등주의(egalitarianism): 우리는 모든 사람이 평등해야 한다고 믿는다. 조선 시대의 신분 질서가 급격히 무너진 탓도 있으며, 해방 후 사회의 지배층이 도덕적 지배력을 배양하는 데 실패한 이유도 있다. 한국의 평등주의는 가히 세계적이다. 멕시코와 브라질처럼 집주인과 파출부가 별도로 타는 엘리베이터를 만들었다가는 사회적 비난을 면치 못한다. 사촌이 땅을 사면 축하하기 전에 배가 먼저 아프다. 그래서 못사는

사람, 실패한 사람도 언제나 '할 수 있다'는 신념에 가득 차 있다. 발전의 성공은 모종의 비합리적 수단을 동원한 결과라고 믿는다. 성공한 사람에 대한 '존경의 철회(withdrawl of respect)'가 이처럼 강한 사회도 없다.

- 의사 사회주의(pseudo-socialism): 평등주의의 결과로 나타난 이 마음의 행로는 보상 기준과 자원 분배에서 위력을 발휘한다. 한국 사회에서 자원 분배의 최선의 기준은 업적 여하를 막론하고 모두 똑같이 나누는 것이다. 능력과 업적을 적용하면 조직은 금방 내분에 휩싸인다. 특혜란 리더십이 가장 멀리해야 할 관리 방식이다. 어지간해서 인센티브 시스템은 도입되기 어렵다. 의사 사회주의는 대단지 형태로 대량의 동일 평형을 짓는 아파트 건축 방식에서부터 한 번의 수능시험으로 대학을 결정하는 학력 위주의 대입제도에 이르기까지 생활 영역 곳곳에 스며들었다.

10년 후 한국은 기로에 선 채 보다 왼쪽을 선택할 것이 분명하다. 그러나 좌향좌는 '가난으로 가는 길(road to poverty)'이다. 지금까지 왼쪽을 선택했던 사회 중 성공한 사례는 없다. 사회가 평등을 지나치게 추구할 때 우리는 평등은커녕 자유조차 잃어버릴 수 있다. 아무리 엄청난 행운이 함께한다 해도 좌향좌의 사회는 결코 번영할 수 없다.

2 침몰이냐 부상이냐
10년 후 한국

의욕 상실의 경제

질서자유주의를 창안했던 발트 오이켄은 일찍이 이렇게 말했다.

"누군가에게 하나의 특권이 부여되면 그는 이 특권을 기반으로 두 번째의 특권을 요구하고, 두 번째의 특권도 주어지면 그는 세 번째의 특권을 요구한다."

향후 10년, 행정부와 입법부는 각종 이익단체들의 이익을 관철하기 위한 경쟁의 장으로 변질될 것이다.

노동단체들의 영향력은 더욱 커져 노동자의 경영 참여, 비정규직의 정규직화 같은 오랜 숙원을 입법화하는 데 성공할 것이다. 이렇듯 반 시장적인 법안들이 다수의 힘으로 속속 통과되겠지만, 그러나 사업가들은 이에 적절히 대응할 것이다. 새로운 사업을 벌이지 않을 것이며, 아웃소싱이나 공장 없는 경영 같은 다양한 방법으로 가능한 인력을 감축할 것이다. 대기업들은 대규모의 해외 투자로 특정 국가에 입지를 정할 때 따르는 '컨트리 리스크(country risk)'를 분산하면서 자신의 생존과 번영을 확보하려 할 것이다. 지구촌 곳곳을 둘러보면 그들을 환영하는 나라들은 얼마든지 있기 때문이다. 그들이 떠나면 연쇄적으로 1차, 2차 협력 업체들이 문을 닫을 수밖에 없다.

상황이 악화되면 노동단체들은 기업의 해외 진출을 적극적으로 방해하겠지만 세계화의 흐름을 막기에는 역부족일 것이며, 한번 떠난 사업가들은 획기적으로 환경이 개선되지 않는 한 다시 돌아오지 않을 것이다.

향후 10년간 노동단체들은 최고의 전성기를 구가하겠지만, 모든 자연 현상과 마찬가지로 그 속에는 이미 쇠락의 씨앗을 배태하고 있다. 어떤 단체든 초기의 설립 이념을 벗어나 특권을 갖기 시작하면, 그 영향력을 오래도록 유지하기가 쉽지 않다.

그럼에도 불구하고, 최악의 상황이 도래할 때까지, 경쟁이 없는 독점적인 단체들은 자신의 논리를 밀어붙이게 된다. 실력행사로 새로운 권리를 얻는 데 익숙해진 이익단체들은 저마다 특혜를 요구하고, 모든 요구가 관철될 수는 없기 때문에 파업이나 데모는 일상적으로 일어날 것이다. 정치적 계산이 빠른 이익단체들의 수뇌부는 수의 힘을 비중 있게 다루며 '밀어붙일 수 있을 때까지 확실히 밀어붙일' 것이다. 시간을 두고 나타날 파급 효과는 그들이 자리를 떠난 후의 이야기일 뿐이다.

10년 그 이후까지, 노동단체들은 지속적인 영향력을 행사하게 될 것이다. 한국 경제가 쇠락한 후로도 꽤 오랫동안 그들은 힘을 발휘할 수 있을 것이다.

경제의 쇠락과 실업 증가가 예상되지만 한국은 철 지난 이념으로 사람들을 실망시키고 있다. 실업이란 단순히 생계를 잃어버리는 것이 아니다. 실업은 인간의 존엄성까지 빼앗아가는 심각한 사태이다. 전 세계가 실용과 이익, 효율로 달려가는 시대에 유독 한국만이 역사의 뒤안길로 사라져야 할 진보 논리를 부여잡고 있다. 진보 논리에 근거한 정책들을 두고 설왕설래하고 있다.

이런 현상은 더욱 심화되고 경제의 불확실함을 불러옴으로써 필연적으로 투자 의욕을 더욱 저하시키게 될 것이다.

기업하기 좋은 나라는 어디 있는가

한국 경제의 기반은 서서히 무너져내리고 경제의 역동성은 눈에 띄게 떨어질 것이다. 정치 시즌이 올 때마다, 정치인들은 '기업하기 좋은 나라'를 만들고 일자리 창출을 위해 노력하겠다고 거듭 약속할 테지만 그것은 '립 서비스'에 머물 뿐이다. 그들은 생업의 현장에 선 사람들만큼 절박하거나 절실하지도 않고, 주변의 변화에 민감하지도 않기 때문이다. 한마디로 스스로의 생존문제가 달려 있지 않기 때문에 '좋은 것이 좋다'는 식으로 매사를 처리할 가능성이 높다.

정치가들이 사업가의 마음을 읽지 못하는 한 과거와 같은 활발한 설비 투자는 아련한 옛이야기가 되어버릴 수밖에 없다. 신규 투자가 지속되고 성장이 계속될 것처럼 보였던 한국의 주요 공단들은 노후화되고, 그것은 지역 경제에 큰 영향을 미칠 것이다. 노후한 공단의 풍경은 재투자가 지속되지 않는다면 어떤 결과가 초래되는지 가르쳐 주는 좋은 교실 역할을 할 것이다.

대신 기업의 해외 진출은 활발해질 것이다. 소극적이었던 기업들까지 세계 곳곳으로 눈을 돌릴 것이다. 하나둘 해외에서의 성공 경험을 축적한 사업가들은 '내가 왜 한국에서 사업을 했을까?'라고 자문하게 될지도 모른다. 만약 중국에 대한 의존도가 지나치게 높아진다면 인도 같은 신흥 투자국을 발굴해 나갈 수도 있다.

그렇다면 외국인의 투자는 어떻게 될까? 한마디로, 크게 신장되지 않을 것이다. 이미 한국에 진출해 있는 기업들의 사례가 중요한 기준이 될 텐데, 다국적기업들은 제조업 분야의 신규 진출을 꺼리고 대신 중국을 택하게 될 가능성이 높다.

다만 금융업에서 외국자본 유치는 현재의 수준을 유지할 수 있을 것으로 보인다. 이미 한국의 증시에서 외자가 차지하는 비율은 40~50% 정도이고, 수익률 면에서도 한국은 당분간 괜찮은 곳으로 분류될 전망이다. 다만 외자의 유입은 다른 지역과의 상대적인 수익률에 의해 결정되는데, 그것은 정치, 사회 상황에 매우 민감하게 반응한다. 따라서 과거에 비해 증시의 변동 폭이 확대되고 그것이 경제 불안정을 불러올 여지는 얼마든지 남아 있다.

또한 10년 후 한국에서는 전경련이나 경총 같은 단체 대신 다국적 기업들이 일본과 미국, 유럽을 중심으로 조직한 사용자단체들이 영향력을 발휘하게 되리라고 본다. 그들은 한국의 기업 환경이 악화되는 것에 끊임없이 의견을 제시할 테고, 한국의 사용자들은 아마도 경총이나 전경련보다는 그들의 활동에 더욱 의존해야 할지도 모른다.

  한국의 사회주의화를 막을 수 있는 힘이 내부에서 나오기는 어렵다. 놀랍게도 한국의 좌향좌를 막는 커다란 힘은 바로 외국인 투자가들에게서 나올 것이다. 어떤 논리나 이론, 다른 나라의 역사적 경험도 다수 한국인들을 깨우치게 할 수는 없을 것 같다. 한국 내의 좌향좌에 대항하게 될 세력은 한국의 사업가들이나 단체들이 아니라 다국적 신용평가사나 해외 기관투자가들 그리고 한국에 직접 투자하고 있는 외국의 기업들이다. 그들은 신용평가나 증시에 투자되는 자금의 입출금을 조절하면서 한국 정부나 각종 단체들에게 균형을 요구하게 될 것이다.

3 여전히 희망을 노래할 수 있을 것인가
10년 후 한국

'불량품'을 양성하는 학교

교육의 폐해로 가장 큰 타격을 받는 이들은 노동시장에 처음 진출하는 젊은이들이 될 것이다. 외국어에 능하다면 해외 취업도 가능하겠지만 한국 젊은이들은 국제 기준으로 볼 때 경쟁력이 떨어지는 편이다. 열심히 학교를 다니고 취업을 준비해 왔지만 국내외에서 직장을 구하기 어렵다는 사실을 발견하는 순간 당사자나 학부모들은 크게 낙담할 것이다.

교육 제도 개선을 두고 숱한 논쟁을 거듭해 왔음에도 불구하고 근본적인 문제를 해결하지 못한 결과는 고스란히 학생들에게 돌아간다. 시장의 변화에 대응하지 못한 교육은 16년이라는 시간 동안 '불량품'을 만들어냈을 뿐이라는 사실에 분노할 즈음, 젊은이들은 이미 귀한 날들을 낭비했음을 깨닫게 될 것이다.

경쟁이 없으면 개선이나 혁신도 없다. 경쟁 압력에서 보호받는 우리의 교육산업은 한국의 미래에 오랫동안 부담을 주게 될 것 같다. 학부모들은 교육문제가 자신의 이익과 직접 관련이 있으며 평등 지향적 교육이 폐해가 심하다는 사실을 깨닫게 될 것이다. 반항 한 번 하지 않고 열심히 공부만 한 자식들이 교문을 벗어나는 순간부터 기약 없는 실업의 대열에 서는 상황이란 그야말로 끔찍하다.

관련부처는 교육부문 예산을 늘리고 교원을 확충하는 일을 반복할 것이다. 그러나 교육도 산업이라는 마인드가 없고 기존의 이익을 지키려는 단체들이 버티고 있는 한, 본질적인 문제 해결로 교육의 질을 높이기는 어려울 듯하다.

부모들은 무리를 해서라도 아이들을 유학 보내고 경제적인 압박에 더욱 시달리게 될 것이다. 유학비 증가로 인한 경상수지 적자 때문에 급기야는 정부가 유학 금지 같은 특단의 조치까지 생각해야 하는 날이 올지도 모른다.

몰락하는 중산층, 증가하는 빈곤층

10년 후, 한국 중산층은 지금보다 생활수준이 낮아질 것이다. 고용수준은 점점 낮아지고 안정성 역시 위협받게 될 것이기 때문이다. 한 번 직장을 잃은 40대 중산층들은 다시 직업을 얻기 힘들 전망이며 가장의 실직으로 인한 우울한 가족의 이야기는 끝없이 생산될 듯싶다.

그러므로 가장의 근로소득에만 의존하는 삶이 얼마나 위험한지를 깨우친 사람들 사이에서 소득을 다원화하려는 다양한 움직임이 일어날 것으로 보인다. 지금은 2~3개의 직업을 가진 사람들이 소수에 국한되어 있지만, 앞으로는 광범위한 사회 현상으로 자리잡게 될 것이다. 그 과정에서 성공적인 사례도 등장하겠지만, 그에 못지않게 사기를 당하는 등 피해 사례도 나타날 것이다. 특히 봉급생활자들은 강해지는 노동 강도에 비해 서서히 낮아지는 실질임금에 당황하게 될 것이다. 전체적으로 세금과 준조세 부담액이 높아지는 추세에서도, 봉급생활자들은 좀더 부담을 느끼게 될 것이다.

실업과 저성장이 지속되는 상황에서 폭발적으로 늘어나는 재정 수요를 만족시키려면 고액 소득자들에게 무거운 세금을 지울 수밖에 없다. 그러나 중과세는 고액 소득자뿐 아니라 중산층까지 서서히 확대될 것이다. 고액 소득자들은 세무 전문가를 이용해 어떻게든 절세할 수 있겠지만, 그렇지 못한 중산층은 고스란히 그 비용을 감당하게 될 것이다.

출산율은 더욱 낮아질 것이다. 미래를 낙관할 수 없기 때문이다. 미래에 대한 희망을 복원하지 못한다면, 정부가 아무리 출산을 장려하고 보조금을 내놓는다 해도 중산층은 이 땅에서 아이를 낳아 기르는 선택을 하지 않을 것이다. 미래에 희망을 거는 대신 현상유지에 만족하거나 이민 같은 탈출을 꿈꿀 것이다. 젊은 세대일수록 출산을 기피할 가능성은 더욱 높다.

한국 사회의 변화는 이미 큰 부를 축적했거나 고액의 근로소득을 올릴 수 있는 프로페셔널들에게는 그다지 큰 영향을 미치지 않는다. 마음에 들지 않는 뉴스를 보며 언짢아할 때도 있겠지만, 충분한 돈이 있는 그들은 추가적인 부를 창출하는 데 골몰할 테고 투자 수익률이 높은 곳을 찾아 국내외를 돌아다닐 것이다. '돈이 돈을 번다'는 말처럼 그들은 더욱 높은 소득을 거두고 행정부는 수백 조를 웃도는 여유 자금이 투기로 몰리는 것을 막기 위해 모든 수단을 동원할 것이다. 그러나 쫓고 쫓기는 게임이 계속될 뿐이다. 성장률이 정체되고 실업률은 높아져도 고액 소득자들의 삶은 별로 변하지 않을 것이다.

반면 생활에 압박을 받는 중산층과 다수 저소득층의 불만은 점점 커질 것이다. 해고가 거의 불가능한 분야에서 일하는 사람을 제외하면, 근로자들의 삶은 더욱 팍팍해질 것이다. 빈곤층으로 떨어지는 사람들이 늘어나고, 빈곤층에서 헤어나오기는 더욱 힘들어질 것이다. 게다가 이들을 돕기 위해 재정 부담이 증가할 것으로 보인다.

가진 자들이 공동체에 대한 애정을 거두어들이면서 자발적인 기부나 자선은 정체를 면치 못할 것이다. 공동체에 대한 애정을 갖고 이룬 부만큼 사회에 환원하는 사람들이 소수가 됨으로써, 가진 자들은 소외된 사람들에게 더욱 신뢰를 잃을 것이다. 차라리 외국인이라면 서로를 객관적으로 바라볼 수 있다. 그러나 같은 피부, 같은 언어, 같은 역사를 나누고 있기 때문에 오히려 빈부격차를 객관적으로 받아들이기가 힘들어진다. 가진 사람과 가지지 못한 사람들 사이에 간격은 더욱 벌어질 것이다.

지속적인 성장이 이루어지면 계층간 이동이 어느 정도 가능하기 때문에 갈등과 분쟁은 상대적으로 적어진다. 그러나 저성장 하에서는 '그들'과 '우리' 사이에 현저한 차이가 생긴다. 집단적인 질투와 시기심은 때로는 폭력의 모습으로, 때로는 차별 입법의 형태로 드러나게 된다. 가진 사람들에게 불리한 다양한 차별 입법은 다수의 무산자들로부터 열렬한 환영을 받을 수 있기 때문에 점점 본격화될 것이다. 이런 추세가 진행되면서 여유 있는 계층을 중심으로 자구책을 마련하는 움직임도 일어날 것이다. 이런 과정에서 말 못할 분노와 섭섭함을 느낀 계층은 자신이 몸담고 있는 공동체와 심리적으로 이별하게 될 가능성이 높다. '내가 왜, 이런 공동체에 기여해야 하는가?'라는 회의에 빠질 수도 있는 것이다.

가난은 그 무엇보다 큰 죄악이다. 가난은 자존심을 잃게 하고, 사람을 공포와 비굴함으로 몰아넣는다. 개인의 선택이라면 책임을 져야 하겠지만, 집단적 선택에 의해 사회 전체가 가난에 처한다면 분명 억울한 사람들이 나타날 것이다. 어떻게든 빈곤으로 가는 길을 피해야 하는데, 현재로서 그 물꼬를 되돌리기에는 역부족이란 생각이 들 때가 많다.

사람들은 아무리 어려운 상황에서도 희망을 부여잡고 산다. 그러나 성장이 정체되는 기간이 길어지고, 한국 경제의 역동성이 낮아질수록 현상유지만을 바라는 사람들이 늘어나게 될 것이다. '우리가 언제 그렇게 위험을 무릅쓰고 무엇인가를 이루기 위해 뛰었던가'라는 생각이 들 정도로 사회 분위기는 가라앉게 될 것이다. 결국 개인의 문제이긴 하지만, 그런 사회 분위기에서는 이혼이나 자살 같은 사회 병리 현상도 증가할 것이다.

성장과 분배의 선순환이 자연스럽게 이루어질 때면 사람들은 여유를 갖는다. 그러나 막다른 골목에 도달했다고 판단하면 훨씬 과격해지게 마련이다. 실직이나 가난에 내몰린 사람들이라면, 전후 사정을 찬찬히 따지기 힘들 것이며 설령 따진다고 하더라도 스스로에게서 그 원인을 찾기보다 외부나 타인에게서 찾으려 할 것이다. 그들은 이런저런 단체들을 만들어서 정치적인 영향력을 행사하게 될 가능성이 있고, 결국은 사회의 안정에 악영향을 끼칠 수도 있다.

정책을 두고 치열하게 싸우는 일들도 자주 일어날 것 같다. 반면 중·장기적으로 나타날 부정적인 면을 차분히 설득하는 사람들의 숫자는 줄어들 것이다. 자신만이 옳다는 사회 분위기 속에서 그로 인해 치러야 할 비용은 무척 크기 때문이다.

3

한국의 위기:
어디에서부터
잘못되었는가?

1 경제 원리보다 정치 원리
한국의 위기

사회주의화하는 제도

북한 사회에 대해 동정심을 넘어서 환상을 갖고 있는 이들도 간혹 있지만, 이제 이 땅에 사회주의의 이상을 구현하겠다고 드러내놓고 말하는 사람은 소수이다.

그러나 한국 사회는 지난 몇 년간 그래왔듯 앞으로도 사회주의화 (socialized)의 길을 걸을 것으로 보인다. 경제 정의의 이름으로, 국민의 이름으로, 형평의 이름으로, 개혁의 이름으로 '경제의 정치화 (the politicalization of economy)' 현상은 계속 진행될 전망이다.

경제 원리보다는 정치 원리가 지배하는 사회는 시스템 곳곳의 사회주의화 현상을 막을 수 없다. 그런 사회에서 개인이 선택할 수 있는 자유는 축소되고, 국가의 직·간접적인 영향력은 확대될 것이다.

이같은 상황에서 국가란 엄정한 심판자의 역할을 맡는다고 이야기하지만, 실상은 권력을 쥔 사람들을 중심으로 이런저런 단체들에게 정치적 목적에 따라 이익을 배분하는 역할을 담당하는 기관일 뿐이다.

한국이 현재의 어려움을 딛고 다시 도약할 수 있는 유일한 방법은 자유주의의 길을 향해 발 빠르게 나아가는 것이다. 개인이 선택할 수 있는 범위를 최대한 늘리고 국가의 이름으로 행해지는 집단적 선택을 줄이는 쪽을 선택해야 한다.

자유주의는 개인의 경험과 지혜를 소중히 여긴다. 개인이 사적인 이익을 추구하기 위해 분투하고 노력하는 행동과 이들의 상호작용으로 이루어지는 질서를 정당한 것으로 받아들인다. 하지만 자유주의의 반대편에 서 있는 사람들은 개인보다는 전체 사회가 추구해야 할 이상이 무엇인지를 늘 고민한다. 그들은 현실을 비판하면서, 단기간에 이상적인 사회를 건설하기 위해 사회변혁의 길을 꿈꾼다.

이상사회를 꿈꾸는 사람들의 믿음은 개개인이 갖고 있는 지식과 정보를 제3의 인물이나 기관이 통합할 수 있다는 불가능한 가정에 바탕을 두고 있다. 하지만 수많은 사람들이 가진 지식들은 대부분 개개인에게 체화되어 있으며 이런 지식들을 누가 나서서 한군데로 모으는 일은 매우 어려운 일이다.

개인이 가진 지식은 부가가치를 만들어내는 데 결정적인 역할을 담당한다. 때문에 번영을 원하는 사회라면 어떤 방법으로 개인이 지식을 마음껏 발휘하도록 할지 고민해야 한다. 오늘날 시장경제와 이를 받쳐주고 있는 자유주의가 다른 체제와 이념보다 활력적이며 높은 관심을 받는 데는 이런 이유가 숨어 있다.

개개인의 지식을 마음껏 발휘하도록 하려면 물론 개인의 자유를 가능한 많이 허용해야 한다. 자유주의는 개인의 자유를 최대한 보장해야 하며 사회적 강제는 최소한에 그쳐야 한다고 말한다. 개인이 져야 할 책임도 명백하게 자신의 행위라는 범주에 한정되게 마련이다. 작은 정부·법의 지배·규제 완화·민영화 등으로 대표되는 정책들은 자유주의를 구현하려는 일련의 움직임들이다.

이같은 정책들은 일부에서 주장하듯 자본가나 기득권을 쥔 특정 계층이 노동자를 억압하기 위해 추진하는 음모가 아니다. 부를 만들어내는 데 가장 효과적인 자유주의 원리를 실천해 가는 하나의 과정일 뿐이다.

2 한국의 위기
한국에 시장경제는 없다

창조성의 동력, 시장경제

1996년 10월 홍콩을 방문했을 때, 좁은 영토와 과밀한 인구로 이루어진 조그만 국가가 번영을 누리고 있는 모습에 놀라움을 금할 수 없었다. 좁고 비싼 땅 때문에 수십 층 높이로 지어진 아파트촌, 숨 막힐 듯한 도회지 속에서도 사람들은 질서를 갖고 자신의 삶을 열심히 개척해 가고 있었다.

지구상에는 넓은 영토와 풍부한 부존자원을 갖고 있으며 객관적인 조건에서 홍콩보다 훨씬 유리한 위치에 서 있는 나라들이 많이 있다. 아르헨티나와 브라질 같은 중남미의 많은 나라들이 그렇다. 그럼에도 불구하고 훨씬 열악한 환경에서 출발한 홍콩 같은 국가를 뛰어넘을 수 없는 이유는 무엇일까. 제2차 세계대전 이후 괄목할 만한 성장을 이룬 나라들을 보면 반드시 특별한 이유가 있다.

부란 하늘에서 떨어지는 것이 아니다. 자연자원에 인간의 온갖 재능과 지식을 더할 때 새로운 부가가치를 만들어낼 수 있다. 그리고 인간의 재능이란 치열한 경쟁의 과정을 통해서 발견되고 발전된다. 나태함 속에서는 자신이 무슨 재능을 갖고 있는지조차 알 수 없게 마련이다.

시장경제를 통해 생계를 해결해 나가는 사람이라면 직장인이건 사업가이건 그는 자신의 특기를 바탕으로 만들어낸 상품이나 서비스를 다른 사람과 교환하면서 살아간다. 교환이 이루어지는 곳이라면 어김없이 가격과 품질 등 여러 면에서 경쟁이 이루어진다. 경쟁과 보상이 주어지지 않는 상황에서 혁신과 개선은 이루어질 수 없으며, 긴장을 갖고 치열하게 생활하는 속에서 개인의 창조성은 빛을 발하게 된다.

나무에서 감이 떨어지기를 기다리는 소극적 자세와 유유자적한 태도에서는 발견과 발명을 기대할 수 없다. 문제 해결에 관심을 갖고 끈질기게 노력할 때라야 비로소 기대를 걸 수 있다. 혁신과 개선은 인간의 사고력이 집중적으로 발휘될 때 이루어진다.

또한 창조성은 개인의 자유에서 나온다. 자유주의는 스스로 선택하게 하고 이에 대한 책임을 물음으로써 개인의 성공과 실패를 확실히 보상하는 것을 선호한다.

반면 간섭주의는 집단적 선택과 사회적 책임을 우선하고 평등에 우호적인 자세를 견지한다. 그 결과 평등과 정의라는 이름 하에 계획과 통제를 일상적인 일로 받아들인다. 계획과 통제 속에서 인간의 삶은 수동적이 되고 여기서 창조를 기대하기란 쉽지 않다. 모두 함께 책임지는 사회에서는 가능하다면 무임승차하기를 바라게 되고 발명과 혁신은 요원해진다. 그만큼 사회는 정체를 면할 수 없다.

반도체·철강·조선·LCD 같은 분야에선 세계적인 품목이 등장하는데 교육과 같은 서비스업은 날로 낙후되고 있는 이유는 한국이 과연 시장경제 원리를 받아들였는가 하는 점과 무관하지 않다.

자유주의가 곳곳에 뿌리 내린 사회가 그렇지 않은 사회보다 창조적이고 혁신적인 것은 무엇보다 개개인이 긍지를 갖고 자신을 개발해 나가기 때문이며 사회 전체가 그런 가치를 소중히 여기기 때문이다. 건실한 개인주의가 있기에 정부 간섭주의나 집단주의에 비해 자유주의는 월등히 우세하다. 미국과 구소련, 중국 등에서 오랜 기간 체류한 경험이 있는 『창의력의 원천』의 저자 박제광 씨는 이렇게 말한다.

창의력이란 곧 새로움에 도전할 수 있는 힘을 말합니다. 그것은 남들이 생각하지 못한 분야를 개척함으로써 인류 사회에 새로운 변화와 방향을 제시하고, 실용적인 차원에서는 새로운 시장을 만들어낼 수 있는 힘입니다. 컴퓨터나 정보산업, 생물공학, 우주정거장 등 21세기 시장의 흐름을 좌우할 분야가 창의력의 소산이라는 점은 누구도 부인할 수 없을 것입니다. 미국 경제가 활기를 잃지 않는 것은 이러한 분야의 발전에 기인합니다. 미국이 21세기 시장경제의 주도권을 쥘 수 있게 된 것의 원천이 바로 창의력이라고 할 수 있습니다. 빌 게이츠, 스티븐 스필버그 역시 각자의 창의력을 발휘해 미국의 경쟁력을 높여주었고 미국의 21세기 리더십의 원동력이 되었습니다.

중요한 것은 창의력의 원천이 과연 무엇인가 하는 점입니다. 미국인들이 지닌 창의성의 근원에 대해서는 여러 견해가 있지만 개인주의에 뿌리가 있다고 보는 것이 타당합니다. 개인주의를 이기주의로 오해하기도 하는데 이는 너무 단순한 해석이라고 하겠습니다. 개인주의란 개인이 삶의 중심, 또는 행동이나 사고의 기준을 사회나 국가에 두는 것이 아니라 개인 자신에 두는 것입니다. 각 개인의 개성을 존중함으로써 이상적인 사회를 건설할 수 있다는 철학적 사고방식인 것입니다. 여기서 개성의 존중이란 곧 다양성의 수용을 의미하는 것입니다.

개인주의가 토착화되지 않으면 인간의 개성이 존중되지 않게 되는데, 개성이 육성되지 않을 경우 개인의 잠재적인 창의력이 개발되는 일은 불가능해집니다. 창의력이 도태된 사회는 21세기 시장경제 시스템에서 낙후될 수밖에 없습니다.

3 추락의 7가지 원인
한국의 위기

위협받는 자유시장경제

　익명의 다수로 이루어진 한 사회가 경제문제를 해결하고 번영을 이룩할 수 있는 방법에는 무엇이 있을까? 사실 자유시장경제 이외에는 다른 대안이 없다. 내일 좀더 나은 생활을 원하는 사람이라면 완전한 자유시장경제를 구현하기 위해 무엇을 해야 하는지 고민하고 이를 차근차근 실천에 옮기면 된다.

　이상사회 구현이라는 높은 꿈을 좇기보다는 구체적인 악을 하나하나 제거해 나가는 것이 중요하다. 수리해야 할 부분을 정의하고 시장경제 원리에 따라 사회 구석구석을 고쳐나가면 된다. 그러나 이렇듯 당연한 말도 실천하기란 쉽지 않다.

　한국인과 자본주의의 만남은 기적 같은 우연이었다. 같은 민족이면서 다른 체제를 선택했던 북한이 오늘날 겪고 있는 가난과 비참함은 우리 모두의 운명이 될 수도 있었다. 이 정도 인간적인 삶을 살아올 수 있었던 것은 아무리 생각해도 고마운 일일 수밖에 없다.

프리드리히 폰 하이에크는 서독의 부흥을 두고 "종전 후 독일이 그 결정적 순간에 자유시장경제를 지향한 자연스러운 능력을 지닐 수 있었다는 것은 어마어마한 행운이었다"고 회고한 적이 있다. 한반도 남쪽이 해방이라는 결정적 순간에 자유시장경제를 만날 수 있었던 것은 그야말로 행운이었다.

당시는 별다른 선택권이 주어지지 않은 상황이었지만, 이제 우리는 선택의 자유를 갖고 있다. 체제의 선택은 여전히 중요하다. 진보라는 이름으로 포장된 사회주의 혹은 유사 사회주의에 현혹되어서는 안 될 것이다.

한국이 깊은 고뇌 없이 좌향좌로 체제를 변질시켜 나간다면, '번영의 길'이 아니라 '예종(隸從)의 길'로 들어서게 될 것이다. 독일의 역사를 보면 교훈을 얻을 수 있다. 이미 제1차 세계대전 이전의 역사로부터 충분히 배웠어야 함에도 불구하고, 그토록 정확하다는 독일인들은 결국 나치 제도를 만들고 가난으로 돌진해 버렸다. 독일까지 갈 것 없이 가까이에는 극도의 비참을 겪고 있는 북한이 있다.

'제3의 길'이나 '중도 노선' 같은 단어는 정치인들에게 매력적이다. 좌건 우건 극단으로 비추어지면 표를 얻는 데 도움이 되지 않기 때문이다. 그러나 엄밀히 말하면 중도나 제3의 길 같은 슬로건은 또 하나의 정부 간섭주의를 포장한 것에 지나지 않는다. 정부가 가부장적인 권위를 갖고 이런저런 일에 개입하는 한 제도의 사회주의화 즉 유사 사회주의의 길로 들어서는 것을 막을 수는 없다. 그리고 그것은 빈곤으로 바로 연결된다.

나누어 가질 것이 없을 때는 저마다 자기 앞가림에 급급하지만, 부가 축적되기 시작하면 민주주의라는 다수결의 원칙으로 타인의 부를 '강탈'하는 경우가 생길 수도 있다. 아던 셸든의 『민주주의의 딜레마』는 한국 사회에 대단히 시사적인 메시지를 전하고 있다.

오늘날의 민주주의는 일반적으로 다수의 폭정을 뜻한다. 조직화된 그룹들은 조직화되지 못하고, 배우지 못하고, 혹은 기능을 갖지 못한 사람들의 희생을 대가로 정부로부터 편익을 얻어낸다. 더욱 잘못된 점은 조직화된 사람들이 단기적인 이익을 강탈함으로써 모두에게 관련된 장기적 이익을 방해하도록 부추겨지고 있다는 점이다.

다수의 동의를 얻은 입법이 본격화되어 '약탈'이 시작되면 창조적인 소수에 의한 자본 투자는 매우 위축될 것이다. 자본을 투자한다는 것은 결국 노동자에게 보다 효율적인 도구와 기계를 제공해 근로자 1인당 자본장비율을 높인다는 의미이다. 그렇게 생산량과 효율성을 높이면 임금이 인상되어 생활수준을 향상시킬 수 있다. 그러나 투자가 위축되면 불가능한 일이 되어버리고 만다.

궁금한 것은, 역사적으로나 이론적으로 이미 검증되었음에도 불구하고 시장경제를 비난하고 체제의 변질을 꾀하는 사람들이 등장하는 이유이다. 그래서 인간은 왜 사회주의 이념에 매료되는지, 그 문제에 대해 생각해 보았다.

원시 본능의 부활

자유시장경제는 인류 역사상 극히 짧은 동안에 이루어진 일이다. 인류의 역사를 24시간에 비유하면 시장경제는 불과 3분을 차지할 뿐이다. 나머지 23시간 57분 동안은 전혀 다른 방식으로 경제문제를 해결해 온 것이다. 바로 공동으로 생산하고, 공동으로 나누어 갖는 방식이었다. 그리고 그런 체제에서 자원 배분을 담당하는 사람은 국왕이나 부족장, 혹은 전제군주였다. 필자와 김정호 박사가 공동으로 집필한 『갈등하는 본능』의 내용을 인용한다.

인류의 진화 역사를 24시간에 비유한다면 우리가 지금 누리고 있는 풍요와 안전의 시대는 마지막 3분에 불과하다. 그 3분은 너무나 짧다. 23시간 57분 동안 난공불락으로 만들어져버린 유전자구조가 현대의 3분 동안에 바뀔 수는 없다. 구석기의 인류와 현대인이 크게 다르지 않은 것은 그 때문이다.

변화된 환경에 제대로 적응하려면 원시 시대에 만들어진 본능에만 의존할 수 없다. 그러나 원시 본능을 탈피한다는 것이 말처럼 쉬운 일은 아니다. 의식적인 노력은 늘 많은 에너지의 소모를 요구하기 때문이다.

20세기의 전반에서 공산주의나 사회주의 사상이 그토록 빠르게 대중들의 마음속을 파고들 수 있었던 중요한 이유 가운데 하나는 바로 특별한 배움이나 이성을 사용하지 않고서도 더욱 인간의 본성에 가까운 체제가 공동 생산과 공동 분배라는 아이디어였기 때문이다. 앞으로도 마찬가지다. 보통 사람들의 마음속에 화려하게 포장된 사회주의 정책들은 대중들의 심금을 울리고 갈채를 이끌어낼 수 있는 가능성은 얼마든지 크다고 할 수 있다.

　사회주의·공산주의·전체주의·정부 개입주의의 뿌리에는 제3의 특별한 현자가 존재하고 그의 계획이나 지시 혹은 명령에 의해서 의식주 문제를 해결하는 것이 더욱 효과적이란 깊은 믿음이 존재한다. 인간이 생물학적 진화를 멈춘 지는 오래되었다. 인간이 새로운 제도와 관습 그리고 관례를 받아들일 수 있는 것은 오로지 문화적 진화를 통해서만이 가능하다.

　이성의 힘을 이용해 익히고, 배우고, 깨우치지 않으면 자본주의를 진정으로 받아들이기가 쉽지 않다. 기업가로서 시장에서 왕성히 활동하는 사람조차 타인을 이용하고 자기 이익에 지나치게 충실히 살아가는 장사꾼들을 보면 미운 마음이 들 때가 있다. 그러니 시장경제가 가진 순기능을 꼼꼼히 따져보지 않으면 장사치와 거래로 이루어진 자본주의를 결코 이해하거나 수용할 수 없다.

　원시 본능은 여전히 인간의 심성에 뿌리 깊이 남아 있으며 언제든 분출될 가능성이 있다. 이성과 교육의 힘으로 시장경제의 작동 원리와 편익을 자각하지 않고, 폐해를 줄이는 방법에 대한 정보나 지식을 구하지 않으며, 올바른 가치관을 가지려는 노력이 병행되지 않는다면, 원시 본능으로의 회귀란 언제나 가능한 일이다.

　『갈등하는 본능』을 다시 한 번 인용해 본다.

　시장과 교환은 우리 사회의 골격이다. 오늘날 우리들이 살고 있는 사회는 거대하다. 그런 거대한 사회는 시장이라는 끈으로 엮어 있다. 수천만 또는 수억의 사람들이 서로 누군지 모르면서도 분업과 교역, 즉 시장을 통해 연결되어 있다. 그리고 시장은 상업주의 없이는 존재할 수 없다.

원시 사회의 원리는 정반대이다. 그것은 자급자족적인 사회였다. 나와 나의 가족이 필요로 하는 만큼만 생산해서 먹어치우면 그뿐이다. 자급자족을 하는 한 오늘날과 같은 거대한 사회는 불필요하며 또 만들어지지도 않는다. 또 사회 규모가 작았기에 사회생활은 모두 아는 사람들과의 관계였다.

교환도 냉정한 시장교환이 아니라 어려울 때 서로 도와주는 방식을 택하고 있다. 인간은 현재와 같은 현대 인류가 되기 수백만 년 전부터 그런 방식으로 생활해 왔다. 두뇌의 생물학적 구조가 그런 생활에 적응했음은 분명하다. 문제는 인간의 많은 두뇌활동이 유전자에 각인되어 있다는 사실이다. 그래서 환경이 바뀌었음에도 불구하고 무의미한 자동반응을 되풀이하곤 한다.

거대한 사회와 분업, 시장, 상업주의는 서로 떼려야 뗄 수 없는 관계에 있다. 그것에 의해서 오늘날 우리가 누리고 있는 자유와 물질적 풍요로움이 가능해졌다. 또 우리의 정신을 풍요롭게 하는 예술도 그것 없이는 존재하기 어렵다. 그런데도 우리 인간은 상업주의를 어지간히도 싫어한다. 이것은 인간이 극복하기 어려운 본능적 반응일 것이다.

현대인들 역시 소규모 사회에 대해 강한 향수와 미련을 갖고 있다. 그런 향수는 사회주의 계획경제라는 이름으로 부활해 참담한 결과를 안겨주기도 했다. 그런 실패에도 불구하고 인간의 원시 본능은 여전히 우리 심성 속에서 호시탐탐 부활을 노리고 있다. 『진화냐 창조냐』에서

민경국 교수는 다음과 같이 말한다.

> 원시인들은 개인주의자가 아니라 집단주의자였다. 따라서 연대규범이 압도적인 도덕 시스템이었다. 지도자 또는 수령은 누가 얼마만큼 받을 것인가를 결정했다. 나누어 먹기식 원리가 존재했다. 선물행위도 존재했다. 침팬지 군단과 같이 사적 소유권 규칙도 작용했다. 교환이 이루어졌다. 그러나 이 교환은 오늘날과 같은 비인적 내지 익명의 교환이 아니라 아는 사람들끼리의 교환이었다.
> 이상과 같이 지배와 복종의 원리를 주축으로 하는 원시 사회의 질서가 유지되는 메커니즘은 인적(personal)인 것이었다. 사적 영역과 공공 영역의 구분이 전혀 없었다. 함께 일하고 함께 나누어 갖는 삶이 주축을 이루었다. 그룹 규모가 그룹의 존립에 결정적인 역할을 했다. 따라서 하이에크의 진화적 선별 기준인 인구의 규모는 이 원시 사회의 진화적 메커니즘을 설명하기에 적합하다고 볼 수 있다.
> 인류는 얼굴과 얼굴을 맞대고 사는 사회 속에서 3백만 년 내지 4백만 년 동안 살았다. 이러한 삶을 지배하던 규범 시스템은 이러한 삶에 적응되었고, 또한 이와 같이 오랜 기간 동안 인간들의 상호작용을 지배했기 때문에 인간의 본능 속에 깊이 고착되었고, 따라서 아직도 오늘날의 인간들의 감정 속에 정착되어 있다는 것이다. 하이에크는 이러한 감정을 타고난 본능이라고 말하고 있다.

이성의 힘이 부족하고 감성에 의지하는 사람일수록 원시 본능에 의해 좌우될 가능성이 높다. 문명화된 나라라 하더라도 역사의 어느 기간은 사회주의화를 실험할 때가 있다. 바로 원시 본능이 집단적으로 강한 영향력을 발휘하는 때이다. 시장경제와 관련된 지적 인프라가 척박한 이 땅에서 우리는 원시 본능의 화려한 부활을 목격하고 있다.

'완벽한' 세계를 꿈꾸는 조급한 이상주의

인간이란 결코 현 상태에 만족할 수 있는 존재는 아니다. 그토록 원했던 것이라도 일단 손에 넣으면 감사는커녕 시큰둥해지곤 한다. 많은 종교와 고전들이 '범사에 감사하라'고 강조하는 이유가 여기 있다.

물론 건강한 욕심과 야망을 갖고 현 상황에 끝없이 불만족스러워하는 사람들이 있었기에 오늘날의 문명을 이룩해 낼 수 있었다고 생각한다. 그러나 이같은 인간의 특성은 자본주의에 대한 끝없는 불평과 불만을 낳는 요인이 되기도 한다. 소규모 부족을 벗어나면, 시장경제 이외에 생존할 수 있는 경제 시스템은 없다. 그럼에도 불구하고 인간은 현실에 존재할 수 없는 이상적인 체제를 강렬히 염원하게 된다.

사람 살아가는 곳이 생각처럼 우아할 수는 없다. 그곳에는 번잡함과 혼란스러움, 불평등과 비열함 등 온갖 종류의 악행들이 널려 있다. 그것이 인간이 살아가는 현실이다. 세상은 아름답지도 그렇다고 더럽기만 하지도 않다. 그러나 인간은 현실을 벗어나 완벽한 세계를 꿈꾼다.

그같은 동경은 긍정적인 면도 있지만, 상상의 세계를 현실에 구현하려는 시도는 매우 위험하다. 그것은 대개 단번에 모든 것을 일소하는 '싹쓸이'의 모습을 띠기 때문이다. 점진적인 개량이나 구체적인 악을 제거하기보다는, 추상적인 이상향을 향해 조급하게 달려가기 때문이다. 그리고 그런 성향은 결코 시장경제와 함께할 수 없다.

자본주의를 채택했기 때문에 생계를 해결할 수 있는 사람들조차 체제에 감사하기보다는 상대적인 불평등에 불만을 터뜨리기 쉽다. 원하는 조건이 만족되지 못하면 그 원인인 제도는 타도의 대상이 된다.

부란 천부적인 권리가 아니라 노력해서 얻어지는 것이다. 체제 변혁을 꿈꾸는 사람이라면, 자신을 비롯해 보통 사람들이 어떤 운명에 처하게 될지 고민하고, 문제 해결 중심으로 생각하는 것이 필요하다.

실리보다 명분을 중요시하는 뿌리 깊은 전통

자본주의는 실사구시(實事求是)를 중시하기 때문에 실용을 떼놓고 이야기할 수 없다. 반면 사회주의는 명분과 함께한다. 실용을 중시하는 사람들은 세상이 어떠해야 한다는 주장보다는 직접 행동하면서 자신의 견해를 나타낸다. 명분을 중시하는 사람들은 행동보다는 토론이나 담론을 즐기는 편이다.

한국인은 본래 어떤 모습을 지니고 있었을까? 실용을 중시했을까. 명분을 중시했을까. 조선 시대의 한국인이 우리 모습의 전부는 아니겠지만 그 당시 사람들 모습에서 어느 정도 추측해 볼 수는 있다.

원산지 중국과 수입국 한국이 주자학을 어떻게 대했는지 살펴보자. 조선은 민생과 상관없는 제사와 기일 따위를 두고 피비린내 나는 당쟁이 끊이지 않았다. 정치적으로 필요하기도 했겠지만 한국인의 원형에 부합하기 때문에 주자학이 승했던 것은 아닐까. 주자학에 의해 조선은 더욱 화려한 명분을 꽃피울 수 있었다.

『중국인의 상술』을 쓴 강효백 교수는, 주자학의 창시자 주희(朱熹)를 최고의 사표로 삼으며 주자가훈(朱子家訓)을 평생의 교과서로 삼는 안후이 상인에 관한 흥미로운 이야기를 들려준다. 안후이 상인들 가운데 사업가로 큰 족적을 남기는 사람이 드물다는 것이다.

강효백 교수에 의하면, 안후이 상인들은 눈부시게 성장하다가 어느 순간 급속히 몰락해 버리는 경우가 많다고 한다. 주자학을 사상적 기반으로 삼기 때문이라는 설명인데, 장사를 잘해 돈을 많이 벌어 잘 살기 바라는 대다수 중국 상인들에 비해 안후이 상인들은 중국 내에서도 독특한 자리를 차지하고 있다는 것이다. 그들은 유상(儒商)으로 불린다고도 한다.

> 무엇보다 안후이 상인은 주자학의 종법주의와 소농의식에서 벗어나지 못했다. 그들은 돈을 조금 벌면 만족하고, 더 이상 재투자를 하려 하지 않는다. 사업을 더 이상 확장하지 않는 것을 마치 상도와 상덕으로 여긴다. 비록 물질적으로는 거부가 되었다 하더라도 그들의 가슴 한쪽에는 상인을 천시하는 자기비하와 자기학대 의식이 웅크리고 있다. (중략)
>
> 안후이 상인은 돈깨나 모았다고 생각되면 곧장 부나방처럼 관직의 길로 나섰다. 이웃 저장이나 광둥 상인들처럼 상업만을 인생의 유일한 생업으로 정한 것이 아니었다. 그들은 번 돈으로 관직을 사든지 의연금이나 기부금을 많이 바쳐 조정의 환심을 사는 데 몰두했다.

주자학을 신봉했던 조선과 중국의 안후이 상인들은 우리에게 시사하는 바가 크다. 자신의 직업을 통해서 최고의 경지를 향해 묵묵히 나아가는 일은 충분히 값지다. 그러나 한국 사회에서는 자기 업에 일가를 이루거나 조금만 이름이 알려지면 바로 정치행을 택한다. 묵묵히 제 갈 길을 가기보다는 '감 놔라, 배 놔라'를 외치는 사람들이 날로 늘고 있다.

주자학은 여전히 한국인의 의식 한 부분을 차지하고 있다. 실천보다 말이 무성하고, 입으로 먹고사는 사람들이 늘어가는 현상만 봐도 알 수 있는 일이다. 쿠바를 제외한 모든 나라가 마르크스-레닌주의의 망령에서 벗어났지만, 그보다 훨씬 발전된 교조주의와 명분주의로 스스로를 보호하고 있는 북한을 봐도 알 수 있다.

김구 선생은 『백범 일지』에서 이렇게 말씀했다.

500년 조선은 머리 아픈 망건과 기타 망하기 좋은 것뿐이요, 주자학으로 주자 이상으로 발달시킨 결과는 손가락 하나 안 놀리고 주둥이만 까게 하여 민족의 원기를 소진해 버리니 남는 것은 편협한 당파 싸움과 의뢰심뿐이다.

오늘날 보아도 요새 일부 청년들이 제정신을 잃고 러시아로 조국을 삼아 레닌을 국부로 삼아서, 어제까지 민족혁명은 두 번 피 흘릴 운동이니 대번에 사회주의 혁명을 한다고 떠들던 자들이 레닌의 말 한마디에 돌연히 민족혁명이야말로 그들의 진면목인 것처럼 들고 나오지 않는가.

주자님의 방귀까지 향기롭게 여기던 부류들 모양으로 레닌의 똥까지 달다고 하는 청년들을 보게 되니 한심한 일이다. 나는 반드시 주자를 옳다고도 아니하고 마르크스를 그르다고도 아니한다. 내가 청년 제군에게 바라는 것은 자기를 잊지 말란 말이다. 우리의 역사적 이상, 우리의 민족성, 우리의 환경에 맞는 나라를 생각하라는 것이다. 밤낮 저를 잃고 남만 높여서 남의 발뒤꿈치를 따르는 것으로 장한 체를 말라는 것이다. 제 뇌로, 제 정신으로 생각하란 말이다.

빈약한 개인주의의 전통

한국 역사에서 진정한 의미의 개인주의가 존재한 지는 그리 오래되지 않았다. 여기서 개인주의란 '인류를 구성하는 우선 요소가 사회적 집단(국가, 계급 등)이 아니라 개인(분리할 수 없고 서로 환원되지 않으며 실제로 홀로 느끼고 행동하며 생각하는 인간)이라는 신념에 기초한다.'

개인주의란 개인이 자율적 능력과 독립적 자질을 갖고 있음을 인정하는 것이다. 그러한 개인의 자유에 최상의 가치를 두는 것이다. 반면 공동체주의는 개인을 국가나 조직의 구성 요소나 수단 혹은 도구로 여긴다.

서구 문화에서 개인주의가 하나의 지배적인 특징으로 등장하는 시점은 중세가 끝나는 17~18세기 무렵이다. 서구 문명이 사유재산을 가진 시민 중심으로 발전해 왔다는 점에서 개인주의의 씨앗은 이미 뿌려져 있었다. 반면 동양은 시민이 아니라 신민(臣民)이 오랜 세월 면면히 존재했다.

개개인이 자신의 이익을 위해 행동하는 가운데 자연스럽게 사회적 협력을 이룰 수 있다. 인간은 법의 테두리 내에서 충실하게 이익을 추구함으로써 타인의 이익에도 기여할 수 있게 된다. 경제학자 루드비히 폰 미제스는 "개인주의는 사회적 협력을 꾀하고 복잡한 사회관계를 강화시키는 철학"이라고 말하기도 했다. 한편 프리드리히 폰 하이에크는 『예종의 길』에서 개인주의를 다음과 같이 정리했다.

> 우리가 말하는 개인주의, 즉 사회주의나 그밖의 모든 집단주의 형태와 대립되는 개인주의가 이기주의와 무관한 것은 필연적이다. 그렇다면 이런 개인주의란 어떤 것인가? 개인을 그 자체로 존중하고 개인의 의견과 취향은 그의 고유한 것임을 인정한다는 사실은, 인간이 자신의 개인적 재능과 성향을 발전시키는 것이 바람직하다고 생각하는 것과 같다. (중략) 모든 개인주의 철학이 기초하는 근본적 사실은 정해진 한계 안에서 개인은 타인이 아닌 자신의 가치를 자유롭게 따를 수 있어야 한다는 것이다. 또 이 점에서 개인의 목적은 절대적이고 타인의 권력에서 벗어나야 한다는 것이다. 개인을 자신의 목적에 대한 최종적 심판관으로 인정한다는 것, 가능한 개인의 행동을 지배하는 것은 그 자신의 생각이어야 한다는 것, 바로 이런 것이 개인주의의 본질이다.

알게 모르게 우리의 일상에는 집단주의적 색채가 곳곳에 배어 있다. 타인이 자신과 다른 생각을 가지는 것은 당연한 일이다. 그럼에도 불구하고 합리적인 이성에 바탕을 두고 다른 의견을 비판하기보다는 폭력적 언어로 타인을 비방하는 일이 예사롭지 않게 일어난다. 때로는 집단적으로 공격성을 드러내 특정인을 '왕따'시키는 경우도 발생한다.

얼마 전 어느 국책 은행원의 아내가 인터넷에 올린 글이 화제를 모은 적이 있다. 습관적으로 폭탄주를 강요하는 상사로부터 남편을 보호해 달라는 내용이었다.

'연말을 맞아 직급이 높은 사람이 권하는 술 때문에 남편의 간이 상해가는 것을 보면 그대로 있을 수가 없다. 상사가 기분이 좋으면 좋다고, 나쁘면 나쁘다고 권하는 술까지는 충분히 이해하나 2차 3차 계속 몰고 다니며 새벽까지 남편을 붙잡고 있을 필요까지 있을까. 직급이 높은 상사의 비위를 맞춰주기 위해 주는 술을 받아 마시고 힘들어하는 남편을 보는 심정이 너무 괴롭다'는 내용을 읽으면서 한국 사회의 현주소를 확인하는 것 같아 씁쓸했다.

조직에서 상사와 부하는 엄밀한 의미에서 계약관계에 있다. 부하란 봉건군주 시대의 신하와 같은 존재가 아니다. 상사의 영향력은 업무와 관련된 범위에 제한되는 것이 당연하다. 하지만 현실은 그렇지 않다. 상사나 선배가 부하와 후배의 사적 영역까지 영향력을 행사하는 일들이 예사롭지 않게 일어나고 있다. 삶을 통해 개인주의를 실천하는 일은 여전히 요원하다.

피터 드러커는 『단절의 시대』에서 이에 대해 명쾌하게 지적했다. 그의 지적은 시장경제에서 지켜져야 할 일종의 도덕률로 받아들여진다.

조직의 사회적 책임과 관련된 첫 번째 법칙은 그 구성원들에게 미치는 영향을 가능한 한 제한하는 것이다. 조직이 사회에 미치는 다른 모든 영향에 대해서도 마찬가지다. 사회와 지역 사회에 미치는 영향은 간섭에 지나지 않는다. 그것들은 오직 협의의 정의를 통해서, 그리고 엄밀한 해석을 통해서 제한된 경우에만 허용될 수 있다. 특히 종업원에게 '충성심'을 요구하는 것은 허용될 수 없으며, 정당화될 수도 없다. 조직과 그 구성원 사이의 관계는 법률상 다른 어떤 계약보다도 협의로 해석되어야만 하는 고용계약에 근거하고 있다. 그렇다고 해서 조직과 그 구성원 사이에 애정·감사·우정·경의·신뢰 등이 없어도 좋다고 말하는 것은 아니다. 이는 가치 있는 것들이다. 하지만 이들은 부수적인 것들이며, 또한 이미 존재하고 있는 것이 아니라 획득되어야 하는 것들이다.

이런 부분들이 정리되지 않기 때문에 고용주나 고용인 모두 서로 무리한 요구를 하곤 한다. 조직이나 단체도 자신의 고유한 업무를 벗어나 무리한 요구를 할 가능성이 높아진다. 이런 일들이 빈번하게 일어나다 보면 조정을 위해 비용이 많이 들게 마련이다. 오늘날 한국 사회가 그런 상황에 있다고 보면 된다.

학교에서 일어나는 집단 폭력 보도를 접할 때마다 우울해지지 않을 수 없다. 나이 든 세대는 왜곡된 시대 상황 때문에 그렇다 치더라도 젊은 세대에서조차 건강한 개인주의는 여전히 걸음마 단계이다. 그럼에도 불구하고 긍정적인 신호가 아주 없는 것은 아니다.

고려대 의대 교지인 《호의령》의 편집장 최성웅 씨는 올해 신입생이 들어온 뒤로 문화적 충격을 겪고 있다. 불과 몇 년 전 선배가 후배에게 강제로 막걸리 한 사발씩 마시게 하던 집단 음주문화가 후배들로부터 '배척'당하고 있기 때문이다. 최씨가 신입생이던 2001년만 해도 선배들은 "선배의 키스는 후배의 원샷(선배는 컵에 입만 대도 후배들은 잔을 비워야 한다)"이라며 반강제로 술을 먹였다. 요즘 후배들은 "더 이상 못 먹겠는데요"라며 당차게 거절한다.

  최씨는 며칠 전 서울 안암역 주변 소주방에서 교지 편집을 끝내고 뒤풀이 자리를 마련했다. 매운탕, 파전과 함께 '삼배주'가 돌았다. 소주잔 사이사이에 젓가락을 받쳐 3층으로 쌓은 뒤 술을 채우고 한 사람이 맨 윗 잔부터 차례로 단숨에 마시는 주법. 요즘 대학가에 유행이다. 최씨가 먼저 시범을 보였다. 그러나 후배들은 최씨를 따르지 않았다. 일부는 소주잔에 물을 따라 마시는 등 자신의 주량에 맞춰 술을 들이켰다. 술을 못 하는 여학생들은 쌀로 만든 음료로 대신하게 했다. 이날 7명이 마신 소주는 다섯 병이 전부였다. 최씨가 입학 직후 '사발식(냉면 사발에 막걸리를 채우고 단숨에 들이켜는 것)'만 세 번 치러야 했던 것에 비하면 상전벽해(桑田碧海)다.

-《중앙일보》2004. 4 .24

  이 기사를 읽으면서 우선 내가 대학을 다닐 때의 음주문화가 지금까지 이어져왔다는 사실에 놀랐다. 당시만 하더라도 그런 관행을 누구든 따랐지만 지금 와서 생각해 보면 있을 수 없는 일이다. 젊은 세대는 이를 거부하기 시작했다. 그렇다면 왜 개인주의가 중요한가?

  시장경제는 개인주의에 바탕을 두고 있기 때문이다. 스스로 판단하고 선택하며 그에 대해 책임을 지는 삶의 방식이 자리잡지 않는다면, 집단적 의사결정이 영향력을 발휘할 수밖에 없다. 그리고 우리는 집단적 의사결정의 피해에 이미 충분한 비용을 지불하고 있다.

자기 철학의 부재

사람들은 자신만의 신념 체계를 갖고 있는데 그것을 익혀가는 과정은 저마다 다르다. 부모나 친인척으로부터 영향을 받기도 하고 학교 교육이나 책을 통해 서서히 가치관을 형성해 나가기도 한다. '어떻게 살 것인가?' '어떻게 살아가는 것이 올바른가?' 같은 질문들을 좀더 정교하게 다듬다 보면 곧 생활철학과 만나게 된다.

내 경우는 아버지에게서 가장 큰 영향을 받았는데 그는 연근해 어업을 했던 기업가이다. 그는 자신의 삶을 통해 어린 내게 어떻게 살아야 하는지를 가르쳤다. 내가 배운 것은 인간은 스스로 운명을 개척해 나가야 한다는 것, 자신의 행복과 불행의 원인을 제도나 타인에게서 찾지 않아야 한다는 것이었다.

내가 아버지에게 배웠듯 나 역시 아이들에게 홀로 서기를 가르치기 위해 무척 노력한다. 직접적인 말로써, 보여지는 행동으로써, 독서를 권함으로써, 아이들에게 스스로 삶의 주인이 되기를 독려한다. 마거릿 대처 전 영국 수상의 자서전에서도 비슷한 대목을 발견할 수 있었다. 작은 식료품점을 운영하던 아버지로부터 배운 자조정신이 대처의 철학의 바탕이라는 이야기였다. 훗날 '대처 혁명'으로 대표되는 영국의 개혁도 대처의 이러한 삶의 철학에서 나온 것이었다.

어느 분야건 성공한 사람들의 자서전을 읽을 때면, 그들 삶의 철학이 언제 형성되는지 그 대목을 유심히 보게 된다. 그리고 부모와의 만남이 그 어떤 만남보다 중요하다는 사실을 발견하게 된다. 한 사람이 인생의 처음 20여 년간 가장 많은 시간을 함께하는 존재, 부모가 어떤 철학을 가졌는지를 빼고는 그 사람의 가치관을 이야기할 수 없을 것이다.

　나는 아버지로부터 홀로 서기의 당위성을 배웠지만 20대가 되기 전까지만 해도 연약한 상태였다. 탄탄한 신념이나 믿음 체계로 굳어지기 위해 독서 등 또다른 과정이 필요했다. 내 경우엔 20대에 읽은 하이에크와 미제스 등이 매우 중요한 역할을 했다. 고전적 자유주의 대가들의 서적을 통해 막연했던 생활철학이 신념으로 바뀌게 된 것이다. 마르크스 류의 글을 읽는 것이 대학생의 특권인 양 여겨지던 시대에 대학을 다녔지만 그다지 탐닉하지 않았던 건 아마도 부모의 영향 때문이었던 것 같다.

　가정을 통해서든 책을 통해서든 철학을 정립할 시간을 갖지 못하면 본능이 요구하는 가치에 충실한 삶을 살아갈 가능성이 높다. 그런데 우리의 부모들은 지금 어떤 철학을 갖고 있을까.《조선일보》와 갤럽, 한국조사연구학회가 실시한 '국민 이념 성향 조사'를 보면 사람들이 가난의 원인에 대해 어떻게 생각하는지 흥미로운 결과가 나와 있다. 빈곤이 사회 제도 탓이라고 답한 경우는 2002년 39%였는데 2004년에는 53%까지 늘어난다. 반대로, 개인의 능력 부족 탓이라고 답한 경우는 2002년의 30%와 거의 같은 31% 선을 유지하고 있다.

　53%라는 상당수는 직장이나 가정에서 자신의 논리를 확대재생산하고 있지 않을까. 만일 그가 아버지라면 은연중 자식들에게 자기 생각을 전달할 것이며, 기자나 방송인이라면 말이나 글을 통해 자신의 의견을 대중에게 피력할 것이다.

　또다른 문제는 우리 아이들이 청소년기나 대학생활을 통해 시장경제에 대한 이해도를 높이고 올바른 철학을 정립할 수 있는 기회가 적다는 점이다. 시장경제에 대한 긍정적인 시각보다는 그렇지 않은 시각의 책이 훨씬 많은 것도 사실이다.

지금도 미국 대학생들이 가장 즐겨 읽는 책 가운데 하나는 『아틀라스』라는 소설이다. 대단히 급진적인 보수 측 주장을 담고 있는 소설로, 놀랍게도 정부와 노동조합에 대항해 기업가들이 파업을 일으키고 공장을 세운다는 내용이다. 『아틀라스』는 미국 대학생의 필독서 10권 중 하나로 간주되고 있으며 그 밖에 이 책의 저자 아인 랜드가 집필한 저서들은 세월을 뛰어넘어 인기를 끌고 있다. 우리 사회에선 상상하기 어려운 일이다.

한국은 신문이나 방송을 보더라도 진보 진영의 논객들이 훨씬 활발하게 활동하고 있다. 진보 진영의 논리는 단선적이면서 확실한 해결책을 제시하는 것처럼 보이기 때문에 반대 의견보다 대중에 대한 호소력이 크다. 특히 오늘날처럼 미디어의 영향력이 커진 상태에서는 진보 진영이 논리를 확대재생산해 나가기가 무척 용이하다. 미디어는 젊은 층은 물론 입장이 명확하지 않은 회색 지대의 사람들을 진보 진영으로 흡수하는 데 앞으로도 큰 역할을 할 것이다.

여전히 건재한 마르크스주의

잘 알고 지내는 한 친구는 한때 열렬한 학생운동가였다. 1989년 베를린 장벽이 무너질 때는 충격을 받은 나머지 6개월간 바깥출입도 않은 채 폭음으로 하루하루를 지냈다. 유토피아가 사라지는 동시에 삶의 의미도 날아가버렸기 때문이다. 그는 이후 우여곡절을 겪은 끝에 사업가로 변신해 큰 성공을 거두게 되었다. 이제 마르크스주의란 그에게 젊었던 한때의 기억으로 남아 있을 뿐이다. 물론 그가 마르크스주의를 벗어버릴 수 있었던 건 자영업자로서 '시장'을 직접 체험할 수 있었기 때문이다.

 마르크스주의와의 완전한 결별이란 쉽지 않다. 세상을 바라보는 틀을 갖추는 젊은 시절에 심취했던 사상과 세계관을 버리기란 여간 어려운 일이 아니기 때문이다. 물론 공공연하게 마르크스주의를 추구하거나 찬양하지는 않지만 그들 중 다수는 국회의원으로 정치에 입문하는 등 사회 각 분야에 진출해 있다. 그들의 사고방식은 언론에 전해지는 발언으로 확인할 수 있는데, 정치·경제·사회·문화·종교에 대한 비판이나 대안 제시, 사용하는 용어들을 보면 여전히 마르크스주의의 영향력 안에 있음을 알 수 있다.

 내가 만나게 되는 방송인·기자·출판인·회사원 중에도 젊은 시절 마르크스주의에 심취했던 경험이 있는 40대 전후의 인물이 많다. 정치적으로 워낙 암울한 때 대학을 다녔던 터라 마르크스주의에 심취하지 않았다면 오히려 이상할 것이다. 그만큼 한국은 특수한 환경에 있었다. 젊은 날 마르크스주의의 영향을 받았던 세대들은 이제 중년이 되어 사회 곳곳에 포진해 있다.

 칼 포퍼는 일찍이 이렇게 지적했다.

> 마르크스주의의 변명자들은 자신들이 기득권의 이름으로 진보에 맞서 싸우고 있다는 사실은 전혀 깨닫지 못한다. 그들은 마르크스주의와 같은 운동들은 곧 온갖 기득권들을 대변하게 된다는 위험을 안고 있으

며 그런 기득권에는 물질적인 것만이 아니라 지적인 것도 있다는 것을 보지 못한다.

칼 포퍼가 『열린 사회와 그 적들』을 통해 마르크스의 유산으로부터 벗어나지 못한 사람들을 질타한 지 벌써 반세기가 넘었다. 그러나 비슷한 상황이 한국에서는 여전히 일어나고 있다. 복거일 씨는 여전히 마르크스주의의 영향력이 건재한 상황을 두고 이렇게 말한다.

공산주의 체제가 무너진 지도 여러 해가 지났지만, 우리 사회에선 마르크스주의의 변명자들이 자신들의 지적 기득권을 지키기에 분주하다. 자신들이 많은 투자를 해서 얻은 마르크스주의라는 지적 재산을 버리는 대신, 그들은 거의 예외 없이 그것을 지키기로 결정했다. 그리고 '실패한 것은 현실 사회주의이지 이론 사회주의가 아니다'라는 퇴로를 발명해 냈다.

누구나 틀릴 수 있다. 하지만 자신이 틀렸음을 인정하는 데는 커다란 용기가 필요하다. 좌파 지식인들은 몰락한 사회주의를 보면서도 진솔한 사과를 하지 않았다. 이론 사회주의가 제대로 실천에 옮겨지기만 한다면 멋진 세상이 펼쳐지리라고 여전히 믿는 것일까.

시장경제 경험이 적은 한국

월급이 아니라 사업을 통해 소득을 벌어본 경험은 매우 소중하다.

사업가로 입신한 사람들은 처음으로 상거래를 통해 돈을 벌어본 경험을 인생에서 가장 인상적인 사건으로 기록하게 마련이다.

자기 사업을 치열하게 꾸려가다 보면 별다른 이론을 배우지 않아도 현실주의자가 된다. 현실을 직시하지 못해 엉뚱하게 판단하고 행동한다면 엄청난 비용을 치러야 하기 때문이다. 그러나 이들조차 모든 분야에서 현실주의자로 살아가는 것은 아니다. 사람들은 현실주의자를 그다지 좋아하지 않기 때문이다. 그래서 보통은 자신의 이익이 달려 있는 생업 현장에서는 현실주의자로, 책임을 짊어져야 할 필요가 없는 상황에서는 이상주의자로 살아갈 가능성이 높다.

생업의 현장에서조차 제대로 된 경쟁을 겪지 않은 사람이나 자신의 판단이 이윤이나 손실로 나타나지 않는 상황에서 살아가는 사람은 현실을 직시하지 못할 가능성이 아주 높다. 지식인이나 언론인, 관료나 정치가 가운데 상당수가 이런 경우에 속한다.

예를 들어 지식인들을 살펴보자. 지식인은 세상살이의 현장으로부터 한 발자국 물러난 곳에서 살아왔다. 그들이 늘 고민하는 세계는 살아 숨쉬는 인간들의 세상이라기보다는 관념이나 이상의 세계이다. 그들은 이상주의자일 가능성이 높다. 이들은 현장을 직시하고 삶의 불완전함을 인정하며 이를 하나하나 고쳐가기보다 단번에 현장을 바꾸는 일에 훨씬 매력을 느낀다. 자신들의 이상향에 맞춰 현실을 철저히 개조해야 한다고 강렬히 느낀다.

지식인들만 문제가 되는 것은 아니다. 큰 조직에 몸담은 회사원들을 보자. 상식적으로 생각하면 그들은 상품이나 서비스를 소비자에게 공급한 대가로 살아가기 때문에 시장경제를 제대로 이해하고 있을 가능성이 높다. 그러나 상황은 그렇지 않다. 조직에 속한 경우는 시장의 규율이 아니라 조직의 규율을 더 자연스러운 것으로 받아들이기 때문이다.

시장과 조직은 여러 면에서 매우 다르다. 시장은 스스로 조직되고 스스로 규제되며 스스로 유지되는 자발적 질서를 이룬다. 반면 조직은 의도적인 배열의 결과로 인위적 질서가 만들어진다. 자발적 질서(시장) 대 인위적 질서(조직)는 여러 면에서 대비된다. 자발적 질서 속에서는 공동의 목표가 존재할 수 없는데 반해 인위적 질서 속에는 공동의 단일 목표가 존재한다. 자발적 질서는 하지 말아야 할 것을 제외한 모든 행동을 허용하지만 인위적 질서는 할 수 있는 것을 구체적으로 적시한다. 자발적 질서는 열린 사회의 특징을 갖지만 인위적 질서는 닫힌 사회의 특징을 갖는다.

현대인들 상당수가 조직에서 조직으로 이동할 뿐 자기 사업을 직접 꾸려본 경험이 없다. 학교라는 조직을 졸업하면 곧바로 회사라는 조직으로 옮겨간다. 제대로 교육을 받는다 해도 경험의 한계 때문에, 즉 조직의 규율에 익숙한 나머지 수많은 익명들 사이에 이루어지는 거래를 부정적으로 볼 수도 있다. 이같은 현상에 대해 하이에크는 다음과 같은 우려를 표명한 적이 있다.

> 오늘날 서구 사회에서는 대규모 조직들의 구성원으로서 자라나는 인간들의 수가 점차 증가하고 있다. 이것은 개방된 대규모 사회를 가능하게 해주었던 시장의 규율들이 그들에게 낯선 것들이라는 의미이다. 그들은 시장경제를 거의 이해하지 못하고 있다. 그들은 시장경제가 기초

하고 있는 규율들에 의해 생성되는 결과들을 불합리하고 비도덕적인 것으로 생각한다. 그들은 빈번히 시장경제에서 사악한 권력에 의해 유지되는 자의적인 구조만을 보고 있다.

그 결과 오랫동안 억압되었던 원시적인 본능이 또다시 표면에 나타나게 되었다. 정의로운 분배에 대한 요구 및 누구에게나 그가 받을 만한 자격이 있는 것을 할당해 주는 조직화된 권력에 대한 요구는 정확히 이러한 원시적 본능에 기초를 두고 있는 격세유전이다. 의도적으로 새로운 사회 질서를 형성하고자 하는 예언자, 도덕철학자 및 구성주의자들은 현재 유행하고 있는 바로 이러한 감정에 의존하고 있다.

하이에크의 분석은 한국에 그대로 적용된다. 이미 진행되고 있는 상황이고, 앞으로도 계속 일어날 상황이다.

국민의 53%가 가난은 제도의 잘못 탓이라고 생각한다고 했는데, 같은 조사를 보면 '세금을 더 걷어서라도 복지 수준을 높여야 한다'는 견해가 2002년 31.9%에서 2004년 42.8%로 늘었다. 이같은 추세의 원인을 사회의 양극화에서 찾는 사람도 있다. 1993~2002년 사이 임금을 기준으로 상위 30%와 하위 30%의 직종에선 일자리가 각각 200만 개, 119만 개 늘어났다. 그러나 중간층 40%의 직종은 27만 개 증가에 그쳤다. 상대적으로 중간층이 함몰하면서 상하 양 끝만 솟아오른 기형적 구조로 변하고 있는 것이다.

성장이 정체되고 세계화가 급속해지면 양극화는 더욱 심해질 것이다. 정의로운 분배를 실천할 수 있는 조직화된 권력에 대한 욕구도 점점 커질 것이다. 그것은 정치 지형도 변모시킬 것으로 보인다.

그렇게 되면 좀더 분배 위주의 정책을 펼 수밖에 없고 성장 동인은 더욱 축소될 수밖에 없다. 이른바 축소지향형 악순환이 진행되는 것이다. 그리고 사람들 심리에는 '이웃이 잘살기 때문에 내가 못산다'는 생각이 깔리게 된다. 그러니 '있는 자에게 빼앗아 없는 자에게 나눠준다'는 생각은 언제든 제도화할 수 있다.

4

미래 준비:
이제 무엇을 준비해야 하는가?

1 공동체
미래 준비

자신을 과신하지 말라

실질적인 권력은 국제자본으로 이미 이동해 버렸다. 앞으로도 국제자본을 중심으로 이루어진 세계 체제는 더욱 견고해질 것이며, 국제자본의 영향력 또한 더욱 커지게 될 것이다. 변화시킬 수 없다면, 철두철미하게 적응해 나가야 한다.

한국이 세계의 질서를 만들어낼 수는 없는 일이다. 냉정한 이야기 같지만 한국은 다른 나라와 마찬가지로 국제자본이 선택할 수 있는 많은 가능성을 가진 나라 가운데 하나일 뿐이다. 그 이상도 이하도 아니다.

하지만 한국에는 여전히 자기중심으로 세상을 바라보는 사람들이 많다. 세상은 당연히 이런 모습이어야 한다고 목소리를 높이는 사람도 의외로 많다. 당위(當爲)에 대해 논쟁하고 토론하는 일은 물론 필요하지만 그것은 논쟁과 토론으로 그쳐야 한다. 왜냐하면 세상은 개인의 의지와 관계없이 그 자체의 논리나 규칙에 따라 움직이기 때문이다. 새로운 변화에 적응하고 적극적으로 대처하든지 과거로 돌아가 가난하게 살든지 두 가지 선택이 있을 뿐이다.

민족주의나 국수주의적인 색채가 강한 사람들이라면 받아들이기 힘들겠지만, 한국은 스스로 더욱 매력적인 장소임을 증명해 보이기 위해 부단히 노력해야 한다. 기업이 고객을 끌어들이기 위해 부단히 노력하듯이 국가도 하나의 생산단위로서 국제자본이라는 고객을 끌어들이기 위해 노력해야 한다.

국제자본에게 매력적인 장소가 되기 위해서는 어떻게 해야 하는가? 허심탄회하게 답을 찾아보라. 무엇을 어떻게 해야 할지 굳이 비싼 비용을 들여 컨설팅을 받을 필요는 없다. 자기주장이 강하고, 외국인들에게 배타적이고, 여간해서 돈을 벌 수 없다면, 자본은 한국을 떠날 것이다.

구한말 위정척사를 외치는 것이 카타르시스를 제공할 수는 있었지만, 실제로 조선을 구하는 데는 거의 도움이 되지 않았다. 지금도 마찬가지이다. 이런 시대의 특징을 정확하게 이해할 필요가 있다. 한국인은 자기 자신을 객관적이고 냉정하게 바라볼 필요가 있다.

위기의식 없는 위기

역사상 우리는 미래에 대한 준비가 늘 부족했고, 그렇기 때문에 끊임없는 외침에 시달렸다. 이런 일들이 반복되면서 우리들의 심성에는 열등감과 피해의식이 차곡차곡 쌓여왔다. 강국이나 대국에 관련된 사안에서는 쉽게 넘겨버릴 수 있는 문제들조차 민감하게 반응하고, 우리들 스스로 과거사를 정리하지 못한 채 에너지를 낭비해 버리기도 했다.

한국인들은 미래를 전망하고 준비해야 한다는 공동체 차원의 절박함이나 절실함이 부족했다. 그러나 상황에 대한 적확한 정보가 지속적으로 주어진다면, 자연히 위기감을 공유하고 더 열심히 대비책을 마련할 수 있을 것이다.

국가의 일을 위임받은 사람들은 당연히 현재의 위기에 대해 논의하고 대응책을 마련하며 국민들에게 적극적으로 알려야 한다. 위기 극복을 위한 시나리오를 만들어 공동체 구성원들의 협조를 구해야 한다. 국난이 발생하고 난 후에야 수습하는 일들이 더 이상 반복되어서는 안 된다.

구호에 현혹되지 말라

잘살고 싶으면 보편적인 규칙을 따라야 한다. 자유시장경제와 자유민주주의 체제가 현 시대의 보편적인 특징이다. 아울러 체제가 요구하는 가치를 더욱 확고하게 뿌리 내리도록 해야 한다. 물론 자유시장경제와 자유민주주의가 완벽한 체제는 아니다. 체제가 가진 단점 때문에 다른 길을 선택하고 싶은 유혹을 느낄 수도 있다. 그런 심리를 부채질하는 선동가들도 등장할 것이다. 선동가들이란 선동 자체가 자신의 존립 이유인 사람들이기 때문이다.

마거릿 대처 전 영국 수상은 신조어를 만들어내는 데 뛰어난 좌파 사람들을 두고 이런 말을 한 적이 있다.

> 사회주의자들은 자기들의 신념에 붙일 새로운 제목을 찾는 데 항상 상당한 시간을 쏟는데, 이는 과거의 개념들이 금방 시대에 뒤떨어진 것이 되어서 신뢰성을 잃어버리기 때문이다. 재미있는 것은 그들이 자신을 표현하는 이런 말들에 주기성이 있다는 점이다. 그래서 원래 마르크스주의를 지칭하던 '사회민주주의'가 '민주적 사회주의'에 밀려 자리를 내줬고, 그후 사회주의가 유행에 뒤떨어진 것이 되자 '사회민주주의'가 위신을 되찾았다. 요즘은 신좌파가 '공동체'라는 말을 자주 한다.

좌파 분위기에 휩쓸리기보다는 인류의 근대사를 살펴보는 것이 더 좋을 듯싶다. 사회주의적 실험이 어떻게 실천되고, 그런 선택을 내렸던 공동체가 비용을 어떻게 지불했는가를 보면 된다. 한국이 다른 대안을 선택하게 된다면 우선은 국내의 자본들이 손을 떼고 국제자본으로부터 배척당하는 일이 뒤따를 것이다. 그들은 그저 돈을 빼면 되고 다른 지역을 찾아 떠나면 그만이다. 자본이란 철저히 이익의 논리에 따라 움직이기 때문이다.

냉철하게 사고하고 행동해야 한다. 하지만 우리는 정이 많고 막연한 낙관도 강한 편이다. 외환위기가 발생했을 때 실제로 세계의 돈을 누가 갖고 있는지 우리는 이미 목격한 바 있다. 그런 경험은 한 번으로 충분하다.

더 이상 미봉책은 안 된다

사람 사는 세상에 문제가 없는 곳은 없지만, 문제를 해결해 가는 과정은 공동체마다 큰 차이가 있다. 최악의 상황이 도래하기 전에 근본적인 문제를 해결해 내는 곳이 있는 반면, 파열음이 들리기 전까지 문제를 해결해야 한다는 말만 무성할 뿐 또렷한 행동이 뒤따르지 않는 곳도 있다.

깨어 있는 사람들이라면, 우리가 당면한 근본적인 문제가 무엇인지 잘 알고 있을 것이다. 외환위기라는 최악의 상황에서 우리 사회에 어떤 공감대가 형성되었는지를 회상해 보라. '고비용 저효율'이라는 한국병을 치유하기 위해 어떤 국가적 과제들이 도출되고 논의되었으며 합의되었던가. 규제·노동·교육·정부·연금·기업·금융·정치의 문제를 찬찬히 되돌아보라.

그때 개개인은 조금 더 어려움을 겪더라도 근본적인 문제를 해결하고 넘어갔어야 했다. 구조적인 문제를 해결하기에 그만한 기회가 없었기 때문이다. 불과 1년 만에 경기는 회복되었지만, 대부분의 문제들이 해결되다 만 상태로 남게 되었다.

자의 반 타의 반으로 경쟁에 노출된 분야는 그나마 상황이 괜찮은 편이지만, 대부분의 과제는 미봉책으로 수습되고 만 상태이다. 서둘러 문제를 봉합해 버린 경우도 있고, 오히려 개악으로 몰고 간 경우도 많다. 해결되지 못한 문제들은 가까운 장래에 또다른 대가를 요구하게 될 것이 틀림없다.

성역 없이, 터부 없이 한 사회의 본질적이고도 근본적인 문제를 해결하려는 시도를 해야 한다. 그러나 우리 사회는 소소하고 지엽적인 문제에 에너지를 집중하고 있다. 근본적인 수술이 필요한 부분에 대해서는 입을 다물고 있거나, 오히려 문제를 악화시키는 쪽으로 나아가고 있다.

외환위기 이후 한국 사회는 사회적 합의나 갈등의 해결이라는 목표를 내걸고 조합주의의 길을 걸어왔다. 기업간의 동업조합이나 노동자간의 직능조합 같은 단체들이 국가와 개인의 중간 위치에서 경제 정책의 수립과 시행에 적극적으로 참여하는 쪽을 선호해 왔다. 선의에도 불구하고 이같은 조합주의는 정치적인 힘에 따른 이익의 분배를 낳을 수 있다. 역사가 우리에게 주는 교훈이다.

사상에 투자하라

하나의 공동체가 오래도록 번영하기를 바란다면, 굳건한 사상적 토대를 만들어야 한다. 사상적 토대도 투자 없이는 이루어질 수 없다. 한국은 번영을 위한 사상적 기반이 대단히 취약한 사회이다. 자유시장경제와 부의 창출에 대해 제대로 배우거나 체험할 수 있는 기회를 가진 사람이 흔하지 않다. 근래 젊은 세대와 나이 든 세대 간의 견해 차이는 우리 사회가 사상적 토대 구축에 얼마나 등한해 왔는지를 말해 주고 있다.

우리 역사에 자본주의의 이론적 토대가 되는 고전적 자유주의의 전통은 거의 없다고 보면 된다. 게다가 개발 독재와 투쟁하는 과정에서 마르크스주의의 영향력은 압도적이었다. 그 결과가 오늘의 한국 사회에 나타나는 이념적 정체성의 혼란이다.

물질 못지않게 사상이 중요함을 인식하고, 꾸준히 홍보하고 교육해 왔다면 상황은 지금보다 훨씬 나았을 것이다. 그러나 이 체제에서 큰 득을 본 사람들조차 사상전쟁의 중요성을 인식하지 못했다. 때늦은 감이 있지만 이제부터라도 사상적 토대의 구축에 투자해야 한다.

그러나 누가 사상이라는 공공재에 투자하려 하겠는가? 과거 같으면 행정부가 했겠지만 이제는 그런 상황이 아니다. 그렇다면 이 체제에서 큰 부를 축적한 사람들이 할 수 있을까? 그들 역시 큰 매력을 느끼지 못할 것이다. 지식인 사회에서조차 사상전쟁에 시간과 에너지를 투입하는 사람들은 불리한 상황 속에서 방어전을 펼쳐야 한다. 사상전쟁에 뛰어드는 사람은 여전히 소수이다.

하이에크와 함께 자유주의의 탁월한 선각자로 불리는 미제스는 시민이 자신의 이익을 지키기 위해서라도 지적 투쟁에 뛰어들어야 한다고 주장한다. 지적 투쟁에서 패배하게 되면, 공동체가 모두 나누어 그 비용을 지불해야 하기 때문이다.

모든 사람은 사회의 일부를 소유하고 있으므로 다른 사람에게 자신의 책임을 떠넘길 수 없다. 사회가 파국으로 치닫고 있을 때 자기 혼자서 안전한 길을 찾을 수도 없다. 따라서 모든 사람은 자기 자신의 이익을 지키기 위해서 지적인 싸움에 뛰어들어야 한다. 이 싸움의 결과에 모든 사람의 이해가 달려 있기 때문에 관심 없다면서 도망갈 수 있는 사람은 없다. 선택하든 하지 않든 모든 사람은 위대한 지적 투쟁에 끌려 들어오게 되어 있다.

그러나 미제스가 살던 시대와 지금은 상황이 조금 다르다. 지적 투쟁에 뛰어들고 싶지 않다면, 이민이라는 선택을 하면 된다. 과거에 비해서 여유 있는 사람들이 선택할 수 있는 폭은 한결 넓어진 셈이다. 때문에 사상에 대한 투자는 더욱 어려워지게 되었다.

기업가정신을 진작하라

부는 말이 아니라 행동하는 사람들에 의해 만들어진다. 누군가 위험을 무릅써야 하고, 무엇인가를 하려는 의욕과 의지를 가져야 하며, 이를 행동으로 옮기는 사람들이 있어야 한다. 그러므로 어떤 공동체든 부를 만들어내는 사람들의 의욕을 북돋기 위해 세심한 배려를 아끼지 말아야 한다.

기업가의 의욕은 세금 제도나 각종 규제와도 연관이 깊지만 사회적 평판이나 대우도 무척 중요하다. 무엇보다도 기업가정신은 보편적이고 예측 가능한 법이 객관적인 잣대에 의해 적용될 때 유지될 수 있다. 정치가나 관료들의 자의적이고 예측할 수 없는 판단이나 명령이 횡행하는 곳에서는 기업가정신이 진작될 수 없다.

노동자의 대우가 향상되어야 한다고 아무리 외쳐도 일자리를 늘리는 사람이 없으면 헛된 일이다. 일자리가 부족하면 수요와 공급의 법칙에 따라 노동자의 처우는 낮아질 수밖에 없다. 앞으로 우리 사회는 일자리를 만들어내는 사람들을 다시 보게 되고, 기업가정신이 얼마나 희소하고 귀한 자원인가를 깨닫게 될 것이다.

관용과 개방성을 유지하라

공동체의 번영은 다양성과 개방성으로부터 나온다. 두 가지 모두 관용이라는 의미의 '똘레랑스'에 바탕을 두고 있다. 똘레랑스는 '나의 정치적, 종교적 신념과 행동이 존중받기를 바란다면 우선 다른 사람의 정치적, 종교적 신념과 행동을 존중하라'를 뜻한다. 똘레랑스는 왜 중요한가?

《하버드비즈니스리뷰》는 '2004년 경영자를 위한 획기적인 아이디어' 20개를 발표했다. 그중 2위로 꼽힌 내용이 국가의 지속적인 성장에 필요한 3가지 요소 3Ts—기술(Technology), 재능(Talent), 관용(Tolerance)—이다. 이 아이디어를 제시한 사람은 리처드 플로리다 교수로, 그의 말에 따르면 오늘날 가장 핵심적인 경제자원은 창조적인 사람들이다. 창조적인 사람들은 특정한 조건이 마련된 곳에 모이게 되고, 그곳에 관용이 있어야 정치적 신념이나 삶의 스타일이 다른 사람들끼리 한데 어울려 일할 수 있다.

관용의 또다른 표현은 개방(openness)이다. 이것은 시장의 개방뿐 아니라 의식의 개방을 뜻한다. 다른 의견을 가진 타인에 대한 존중을 말하는 것이다. 개방이 있기 때문에 여러 다른 종류의 배경과 생각을 가진 사람들이 함께 어우러질 수 있고, 창의력이 발휘될 수 있다. 창의성이란 순혈주의에서는 탄생하지 않는다. 서로 다른 것이 한데 어우러질 때 비로소 나타나는 것이다. 개방과 관용이 창의성의 원천임을 확인할 수 있는 사례는 역사에서 얼마든지 찾을 수 있다.

포르투갈인이었던 바스코 다가마는 아프리카 항로를 개척한 인물로 널리 알려져 있다. 그를 지원한 사람은 '항해의 왕자'로 불리는 엔

리케 왕자인데, 그는 포루투갈 서남단의 암석지대 사그레스 곶에도 독자적인 성채를 세웠다. 그곳에 각지의 우수한 조선기사·항해기술자·세공업자·탐험가·지리학자·천문학자들을 불러 모아 항해에 관해 연구하고 조사하면서 일종의 정보 공동체를 건설했던 것이다. 바스코 다가마라는 인물은 그런 바탕에서 탄생할 수 있었다.

똘레랑스가 가져온 지식의 폭발에 대해 『대서양 문명사』를 집필한 한신대 김명섭 교수는 이렇게 말한다.

사그레스 성이 정복을 뒷받침하는 두뇌로 떠오를 수 있었던 배경에는 포르투갈인들이 자국 내에 거주하는 외래인들에게 보여준 관용적 미덕 즉, 똘레랑스가 큰 몫을 담당했다. (중략) 아프리카와 좁은 해협으로 연결되어 있었던 포르투갈인들은 당시로서는 놀랄 만큼 인종적 편견과 지역적 편협성에서 벗어나 있었다. 그들의 조상은 켈트인, 이베리아인, 영국인이었지만 다른 인종과의 결혼에도 매우 개방적이었다. 이러한 똘레랑스를 바탕으로 포르투갈은 기독교도, 유대교도, 무슬림 등을 주체적으로 혼성하는 문명의 칵테일에 성공할 수 있었다.

역으로, 훗날 포르투갈의 쇠퇴는 유대인 배척 정책에서부터 시작된다. 게다가 종교 재판소까지 설치해 외래인들을 배척하면서 포르투갈은 역사의 전면으로부터 사라지고 만다.

관용은 창의성을 꽃피우는 바탕이 된다. 서로 다른 의견과 신념에 대해 관대한 태도를 유지하는 일은 한국의 미래에도 무척 중요한 역할을 할 것임에 틀림이 없다.

성공하는 국가들의 9가지 습관

우리 앞에는 두 가지 길이 놓여 있다. '번영의 길'과 '가난의 길'이 바로 그것이다. 토머스 프리드만은 번영의 길에 대해 명쾌하게 설명한다. 그는 한 국가가 세계화 시대에 번영할 수 있는 유일한 길은 자유시장의 운영 규칙을 인지하고 이를 준수하는 것이라고 잘라 말한다. 이를 두고 그는 '황금구속복을 입는다'는 비유를 사용하는데, 그 옷이야말로 세계화 시대를 규정짓는 정치·경제적 의복이다.

어떤 공동체나 황금구속복의 치수나 입는 시점에 대해서 논란이 있을 수 있다. 하지만 분명한 것은 어떤 나라보다 완전한 황금구속복을 신속히 입는다면 어떤 나라보다 높은 삶의 수준을 누릴 수 있다는 사실이다.

토머스 프리드만은, 번영을 위한 체제 개혁에 대해 다음과 같은 구체적인 방법들을 제시한다.

1. 민간부문을 경제 성장의 주력 엔진으로 삼을 것
2. 인플레이션을 낮게 유지하고 물가 안정을 유지할 것
3. 정부와 관료의 규모를 축소시킬 것
4. 흑자는 못 낼지언정 국가 재정을 적자로 만들지 말 것
5. 수입품에 대한 관세를 폐지하거나 인하할 것
6. 외국인 투자를 저해하는 규제를 폐지할 것
7. 쿼터제와 국내 독점 체제를 철폐할 것
8. 수출을 늘릴 것
9. 공기업이나 수도, 전기, 가스 같은 국유산업 그리고 공익사업을

민영화할 것

10. 자본시장에 대한 규제를 완화할 것
11. 자국 통화와 타국 통화 사이의 교환이 가능토록 할 것
12. 실물시장, 주식시장, 채권시장을 개방해 외국인들이 투자하고 소유할 수 있도록 할 것
13. 규제를 완화해 시장 내 경쟁을 최대한 촉진시킬 것
14. 정부의 부정부패와 보조금, 뒷돈 관행을 최대한 줄일 것
15. 금융 시스템과 통신 시스템을 개방해 민간과 경쟁을 허용할 것
16. 국민들이 국내외 금융상품을 마음대로 선택해 연금 기금을 투자할 수 있도록 할 것

이같은 원칙의 황금구속복을 얼마나 잘 입는가에 따라 한국의 번영이 결정될 것이다. 물론 이런 원칙들이 한국 상황에 맞지 않고, 결국은 시장근본주의자들의 음모일 뿐이라고 비난하는 목소리도 있을 것이다. 그러나 황금구속복을 입는 일만이 번영의 지름길이라는 사실에 나는 추호의 의심도 하지 않는다. 한국이 만약 다른 선택을 한다면, 어떤 결과를 맞이하게 될지 명약관화하다. 토머스 프리드만은 이렇게 예견한다.

어느 한 나라가 이 황금의 구속복을 입었을 때, 대체로 두 가지 일이 벌어지게 된다. 곧 경제는 성장하고 정치는 위축된다. 경제적 측면에서 이 황금구속복은 일반적으로 경제의 활력과 평균소득을 높인다. 왜냐하면 국제교역, 외국인 투자, 민영화가 촉진되고 글로벌 경쟁의 압력 속에

서 자원을 훨씬 더 효율적으로 쓰게 되기 때문이다.

반면 정치적 측면에서는 권력자들의 선택 폭이 크게 줄어들면서 정치적 흥정의 여지가 대거 사라진다. 황금구속복을 입은 나라들이 갈수록 여야의 참된 차이점을 발견하기 어렵게 되어가고 있는 것도 바로 이 때문이다. 일단 황금구속복을 입은 나라들에게 남아 있는 정치적 선택의 여지란 고작 펩시냐 아니면 코카콜라냐일 뿐이다. 펩시와 코카콜라의 차이란 아주 미묘한 맛의 차이일 뿐, 황금구속복을 입은 나라의 여야는 아주 근소한 정책상의 차이가 있을 뿐이다.

황금구속복을 입는 나라는 여권과 야권 사이에 별다른 차이점이 없다는 지적이 중요하다. 여야간에 국가가 어느 방향으로 나아가야 하는지 이미 충분한 합의가 이루어진 상태라는 뜻이다. 다만 속도와 구체적인 방법에 사소한 이견이 있을 뿐이라는 것이다. 국가의 향방을 두고 치열한 공방이 벌어지는 사회라면 그만큼 성장이 더딜 수밖에 없다.

한국이 부유한 사회로 나아가기 위해 얼마나 노력하고 있는지 테스트해 보고 싶다면, 토머스 프리드만이 제시하는 '성공하는 국가들의 9가지 습관'을 이용해 볼 수 있다.

1. 당신의 나라는 빠른가?
2. 당신의 나라는 지식을 수확하고 있는가?
3. 당신의 나라는 얼마나 가벼운가?
4. 당신의 나라는 외적으로 자신을 개방할 수 있는가?

5. 당신의 나라는 내적으로 자신을 개방할 수 있는가?

6. 당신 나라의 경영진은 깨어 있으며, 그렇지 못할 경우 교체 가능한가?

7. 당신의 나라는 부상자를 쏘아 죽일 용의가 있는가?

8. 당신의 나라는 친구를 얼마나 잘 사귀는가?

9. 당신 나라의 브랜드는 얼마나 출중한가?

2 기업
미래 준비

기대를 버려라

'사업 환경이 정말 이렇게 전개된다면, 앞으로 10년은 무엇을 해서 먹고살아야 하나?'

이 책을 읽는 동안 사업가들의 머릿속에는 이같은 질문이 떠나지 않았을지도 모른다. 기업을 둘러싼 환경은 평균적인 의미에서 위기이다. 게다가 이런 환경은 오랜 시간을 두고 한국 사회에 축적되어 온 것이기 때문에 만성적이고 구조적이다. 사업가 개인의 입장에서 쉽게 뒤집기 어려운 것이 사실이다. 근래에 많은 사업가들이 갖고 있는 미래에 대한 불안과 낭패감은 해소되기보다는 더욱 심해지리라고 보면 된다.

이미 설명한 바와 같이 한국 사회는 10년 혹은 그 이상까지 혼돈 상태를 벗어나지 못할 것이다. 내가 강조해 두고 싶은 점은 사업가들이 주도적으로 컨트롤할 수 있는 부분이 거의 없다는 것이다. 그리고 그 사실을 확실히 인정하고 가는 편이 낫다는 것이다. 인간은 자신이 통제할 수 있는 게 없다고 느낄 때 심한 스트레스를 받는다. 그러나 사업가들이 있는 그대로의 환경을 기꺼이 받아들이고 배수진을 친다면, 상황에 훨씬 적극적으로 대처해 나갈 수 있으리라 믿는다.

우호적인 사업 환경이 전개된다면 멋진 일이지만, 이를 기대할 수 없다면 '어떻게 생존과 번영을 확보할 것인가?'라고 새삼 자문해 봐야 한다. 환경이 열악한 속에서도 새로운 비즈니스 기회를 국내외에서 찾아나가야 할 것이다. '평균'이란 사업가에게 큰 의미는 없다. 평균적으로 어려운 상황 속에서 선전하기도 하고, 신화를 만들어내는 기업도 등장하기 때문이다.

임직원들 개인의 문제로 연결하라

우호적이지 않은 사업 환경이 기업 내에 영향을 미치는 것을 완전히 차단할 수는 없다. 무엇보다 정치·경제·사회 환경의 변화가 기업의 문제일 뿐만 아니라 개개인의 문제로 연결된다는 사실을 임직원들과 함께 나누는 작업을 꾸준히 추진해야 한다.

환경 변화를 정확히 이해하고, 충분한 커뮤니케이션을 이루며, 위기감을 공유하는 별도의 노력을 과거보다 훨씬 열심히 기울여야 할 것이다.

개인의 행동 변화를 유도하는 가장 확실한 방법은 사업 환경의 변화를 자신의 문제로 받아들이게 만드는 것이다.

핵심 역량을 확보하라

세계화가 단일시장으로 수렴되는 현상이 올 것이다. 그런 상황이 전개되면, 브랜드 파워를 가진 몇몇 기업이 시장을 차지하고, 그중에서도 브랜드 파워가 막강한 기업이 시장을 지배하게 될 것이다.

물론 원천기술을 가진 기업도 브랜드를 소유한 기업 못지않게 약진할 것이다. 오늘날 모바일폰시장에서 브랜드 파워를 가진 기업과 원천기술을 보유한 기업 그리고 단순 제조를 담당한 기업이 어떤 위치를 차지하고 있는가를 보면 제조업의 미래를 어렵지 않게 가늠해 볼 수 있다.

특히 단순 제조 기업들은 가혹한 상황에 놓이게 될 것이다. 글로벌 소싱의 확산으로 그들의 운명은 점점 더 불확실해질 것이다. 이런 추세에 한국의 많은 기업들은 고전할 수밖에 없다. 세계 어느 곳에서나 가장 저렴한 가격으로 생산할 수 있는 시대에 '우리 기업의 핵심 역량은 무엇인가'를 묻고 또 물어야 한다. 그 물음에 대답할 수 있어야 한다.

브랜드를 갖고 있는가? 원천기술을 갖고 있는가? 그도 아니면, 경쟁자들을 따돌릴 만한 생산기술을 갖고 있는가?

컨트리 리스크를 최소화하라

위험을 적극적으로 관리해 나가는 것은 어느 기업에게나 항상 필요한 일이다. 특히 일정 규모 이상의 기업들은 일상적인 리스크 관리 이외에도 중·장기적으로 국가별 혹은 지역별 리스크 관리라는 또 하나의 과제를 해결해야 할 것이다.

물론 사업기지의 일부 혹은 전부를 해외로 이전해서 비즈니스를 하는 것이 만만찮은 일임을 잘 안다. 그럼에도 불구하고 사업을 특정 국가에 지나치게 의존시킴으로써 발생하는 위험을 가능한 낮춰야 한다. 컨트리 리스크까지 생각하지 못했던 사업가들은 이제 그것의 관리 필요성을 자각할 것이며, 곧 실천이 뒤따를 것으로 보인다.

노사 환경 변화에 대비하라

기업들의 투자 결정에서 노사 환경에 대한 전망은 단연 큰 부분을 차지한다. 그러나 한국의 노사 환경은 앞으로도 다른 사업 못지않게 불투명하다. 낙관적인 견해를 가질 수도 있지만, 다른 나라의 노사관계 역사나 한국의 특성 등을 미루어볼 때 이 문제는 사업하는 사람들에게 무척 곤혹스러운 일이 될 것이다.

지금까지의 상황으로 미루어보더라도 고용에 따르는 직접비용뿐만 아니라 각종 간접비용의 부담은 꾸준히 상승할 것이다.

얼마 전, 어느 기업인들의 조찬 모임이 끝났을 때의 일이다. 중소기업을 운영하는 한 사업가가 이런 질문을 던졌다.

"당신이 회사의 사장이라면, 지금 어떤 결정을 내리겠습니까?"

질문이 하도 직설적이어서 잠시 멈추었다가 어렵게 대답을 했다.

"사업가가 사회를 생각하고 국가를 생각하는 것도 중요한 일입니다. 하지만 그것 못지않게 우선해야 할 일은 어떻게든 살아남는 것 아니겠습니까? 살아남고 난 다음에야 다른 이야기를 할 수 있을 것입니다. 사업이 망하고 나면 아무것도 남지 않습니다. 우선은 환경에 잘 적응해서 생존해야 한다고 생각합니다.

저라면 사람을 많이 고용하는 일에는 신규 투자를 억제하겠습니다. 그런 결정에 따르는 위험을 측정하여 확신이 서기 전까지는 말입니다. 물론 이 자리에는 다른 의견을 가진 분들도 계시겠지만, 거의 저의 의견에 동의하지 않을까 싶습니다. 상황 변화에 따라 다르겠지만, 결국 사람을 적게 고용하는 기능부문을 중심으로 한국에서 사업을 하고 나머지는 분리해서 해외로 이전할 수밖에 없지 않을까요? 물론 사회적으로 바람직한가 아닌가는 논란의 소지가 있겠지만, 자신의 이익에 충실할 수밖에 없는 사업가의 입장에서는 그런 결정을 내려야만 할 것입니다."

시장의 규칙을 기업에 적용하라

많은 기업들이 시장과 조직, 개인의 변화 속도에 어려움을 겪을 것이다. 점점 빨라지는 시장과 고객의 변화에 어떻게 대응할 것인가? 이는 업종과 규모를 불문하고 기업들이 당면하는 곤혹스러운 문제가 될 것이다. 그러나 한 가지 원칙만 실천할 수 있다면 기업은 크게 변화할 수 있다. 그것은 시장에서 일어나는 일들이 기업에 직접 영향을 미칠 수 있도록 만드는 것이다. 기업과 시장의 경계를 과감히 허무는 일을 조직적이고 체계적으로 추진하는 것이다.

즉 시장의 규칙이 기업을 움직이도록 만드는 것이다. 이는 기업의 임직원들이 아니라 소비자들이 조직을 설계하도록 하는 것을 의미한다. 컨설턴트인 스탠 데이비스는 『미래의 부』라는 책에서 이같은 주장을 펴고 있다.

안쪽의 변화 속도가 바깥쪽의 변화 속도만큼 빨라지게 하기 위해서는 내적인 활동이 외적인 시장 규칙에 의해 운영되도록 조직의 경계선을 열어야 한다. 조직은 관료주의를 지향하는 경향이 있다. 세상사의 이 어쩔 수 없는 현실을 피하려면 기업이 결코 불변의 것이 아니라는 생각을 받아들여야 한다. 불분명하고 혼란스럽게 느껴지는 것은 유연하고 적응력이 강한 것일 수 있다. 미래로부터의 교훈은 이것이다. 주변부에 더 많은 힘을 보내고, 한 발 더 나아가 경계선을 넘어 바깥으로 나가서 시장의 규칙에 의해 조직을 운영해야 한다.

기업의 모든 부서가 보유하고 있는 능력이 시장에서 충분히 경쟁될 수 있도록 해야 한다. 결국 기업의 특정 부서가 외부에 자신의 서비스를 당당하게 판매할 수 있을 정도로 경쟁력을 유지해야 한다는 말이다. 궁극적으로 각각의 부서는 하나의 기업처럼, 한 걸음 더 나아가 개개인이 하나의 기업처럼 운영되어야 한다. 그런 목표를 향해 기업은 제도와 관행, 의식을 개선해 나가야 한다.

합리적 낙관론을 가져라

사업 때문에 바깥세상을 열심히 돌아다니는 사람이라면, '한국이 좀더 잘 할 수 있을 텐데'라는 아쉬움을 가질 때가 한두 번이 아닐 것이다. 이따금 화가 날 때도 있을 것이다. 다른 나라는 하루가 다르게 바뀌어가는데, 국내만 들어오면 다들 현상유지에만 골몰하는 것 같기 때문이다.

한 나라의 성장이란 것도 결국 그 나라 국민의 평균적인 수준을 크게 벗어날 수는 없는 일이다. 한 나라의 지도층의 생각과 판단 역시 그 나라 국민의 수준을 반영하고 있다고 보면 된다.

그렇다고 해서 낙담할 필요는 없다. 결국 역사는 흐르는 것이고, 세월은 참고 기다리는 사람 편이기 때문이다. 스스로 분노하고 낙담한다고 해서 해결될 수 있는 문제는 아니라고 생각한다. 그럴수록 세상의 분위기에 일희일비(一喜一悲)하지 않고 더욱 비즈니스 그 자체에 전념하는 것이 올바른 선택이다.

스스로를 잘 다스려 가라고 권하고 싶다. 사업가들에게 항상 필요한 것은 이른바 합리적 낙관론이다.

기회를 찾아나서라

사업 환경이 악화된다고 해서 돈벌이 기회 자체가 적어진다는 이야기는 결코 아니다. 세상의 변화 속도는 점점 빨라질 것이고, 이런 와중에서 기업들이 져야 할 위험은 엄청나게 커지겠지만 동시에 새로운 기회는 곳곳에서 생겨날 것이다. 다수의 기업들이 '죽을 쑤고'

있는 반면 기회를 포착해서 먼저 움직이는 데 성공한 기업들은 선점의 이익을 톡톡히 누리게 될 것이다. 세상사에 관계없이 부를 향한 게임은 더욱더 치열해질 수밖에 없다. 분위기의 우울함을 뛰어넘어, 기회를 찾아서 부지런히 뛰어다니기를 권하고 싶다.

3 개인
미래 준비

바꿀 수 없다면 적응하라

세계경제는 끊임없는 적응 시스템이다. 국가든, 조직이든, 개인이든 환경의 변화에 맞추어서 끊임없이 변화해 나가야 한다. 누구도 그런 변화로부터 성역으로 남아 있을 수 없다. 5년 후, 10년 후를 내다보고 현재를 밑천으로 미래를 창조해 나가야 한다. 미래란 수동적으로 주어지는 것이 아니라, 적극적으로 만들어가는 것이다.

여러 가지 관점에서 내다본 한국의 향후 10년은 낙관보다는 비관이, 희망보다는 낙담이 지배적이다. 하지만 그런 상황을 있는 그대로 받아들인 다음 희망의 시간으로 만들어내는 것도 결국은 개개인에게 달려 있다.

항상 앞날을 준비하는 자세를 갖고 행동해야 한다. 과거의 영광이나 관습에 머물지 않고, 끊임없이 앞을 향해 나아가야 한다. 변화하는 환경 속에서 새로운 부가가치를 창출할 수 있는 역량을 갖추도록 노력해야 한다. 스스로 운명을 개척하고, 이에 따른 영광과 책임을 함께 안게 되는 시대를 살아갈 각오를 단단히 해야 한다. 스스로 인생을 100퍼센트 책임진다는 각오로 행동해야 한다.

기적은 없다

먹고사는 영역에 기적은 없다. 개인의 삶에는 요행이 있을지 모르지만 다수의 사람들이 만들어가는 경제에는 결코 요행이 있을 수 없다. '콩 심은 데 콩 나고, 팥 심은 데 팥이 난다.'

세상에 완전한 체제는 존재하지 않지만, 그나마 자유와 평등 그리고 물질적 풍요를 가져다 줄 수 있는 체제는 자유시장경제 이외에 다른 대안이 없다. 왜곡된 체제 밑에서 번영을 누렸던 경우는 일찍이 존재하지 않는다. 우리는 그 어느 때보다 현명함과 지혜가 요구되는 시대를 살아가고 있다.

서울대의 이지순 교수는 『위대한 생각』이라는 책에서 이런 이야기를 했다.

반 자유주의자들이 각계에서 득세하고 있는 한국의 현실은 불행히도 이와는 거리가 멀며, 정체도 수상한 '제3의 길'이 유행인 것을 보면 이 땅에서 자유주의가 꽃을 피우기는 아주 어려운 일인 듯싶다. 밀턴 프리드먼에 의하면 '입만 열면 개혁을 부르짖는 사람들'은 거의 틀림없이 남들의 이익을 빙자하여 자신의 영달을 추구하는 사람들이며, 그들이 정부를 좌우하게 되면 평상인의 경제적 복지는 줄어들 수밖에 없다.

자유시장경제를 제대로 이해하라

미사여구로 이런저런 정책의 필요성을 외치는 정치가나 행정가들을 볼 때, 그들이 진품인가 위조품인가를 선별할 수 있는 기준은 무엇일까? 그런 선별력을 갖게 된다면 정치적 의사결정에서 우리는 훨씬 현명한 판단을 내릴 수 있을 것이다.

어떤 법과 제도, 관행이나 관습이 시장경제 원리에 부합하는지를 판별하고 싶다면, 다음의 9가지 원칙에 위배되지 않는지 생각해 보면 된다.

첫째, 자기 선택의 원리

개인이 선택할 수 있는 자유를 최대한 허용하라. 가능한 다른 사람의 일에 간섭하고 싶은 욕구를 억제하라. 개인의 행동이 사회적으로 미치는 부정적 영향력이 현저히 뚜렷하지 않는 한, 자유를 최대한 허용하라. 그러면 사회적으로 선한 결과를 얻을 수 있다.

둘째, 교환 자유의 원리

개개인이 자발적인 의사에 따라 행하는 교환은 부를 낳는 원천이다. 익명의 무수한 사람들이 생계를 유지할 수 있는 비밀은 전문화와 분업에 있다. 대규모 사회는 분업과 전문화를 기초로 이루어지는 교환 이외에 경제문제를 해결할 방법이 없다.

셋째, 사적 재산권의 원리

사적 재산권이 보장되지 않는다면 자발적인 분업과 교환은 이루어질 수 없고, 결과적으로 한 사회는 부의 감소와 성장의 지체라는 대가를 치러야 한다. 어떠한 선의나 명분에 의해서건 사적 재산권을 침해하려는 의도는 억제되어야 한다. 재산권의 안정성이 확보되지 않으면 혁신과 개선은 일어날 수 없다.

넷째, 기업의 자유 원리

현대 사회에서, 부는 원자적으로 흩어져 있는 개개인보다는 조직(기업)에 의해 만들어진다. 조직을 만들어 이윤을 추구할 수 있는 자유를 충분히 허용하라. 기업 자유의 원리는 기존기업들의 이익만 보장하는 것이 아니다.

다섯째, 경쟁의 원리

시장경제가 계획경제에 비해 월등한 생산성을 올릴 수 있는 이유는 치열한 경쟁 때문이다. 부가가치란 인간의 지적 능력이 발휘될 때 창출되는데, 인간의 지적 능력은 경쟁을 거치지 않고서는 결코 발휘될 수 없다. 경쟁은 발견적 절차(discovery procedure)이다. 인간의 숨은 재능은 경쟁 압력이 존재할 때 하나 둘 세상에 모습을 드러낸다.

여섯째, 인센티브의 원리

'연대'를 즐겨 말하는 지식인들은 인간을 이상적으로 바라본다. 그러나 살아 숨쉬는 인간이란 자신의 이익에 무척 충실한 존재이다. 이익에 충실한 인간을 있는 그대로 보는 것이 시장경제 원리의 한 축을 차지한다. 노력한 만큼의 보상을 받지 않는 곳에서는 생산성 향상을 기대할 수 없다.

일곱째, 자기 책임의 원리

스스로 선택하고 스스로 책임져라. 책임의 중압감을 가질 때 신중하게 선택하고 행동할 수 있다. 그러나 책임에는 분명한 한계가 있어야 한다. '사회적 책임'이라는 이름으로 범위가 지나치게 확대되면 아무도 책임지지 않는 결과가 나타나기 때문이다. '모두의 책임은 어느 누구의 책임도 아니다'라는 사실을 기억할 필요가 있다.

여덟째, 작은 정부의 원리

시장경제는 거대한 정부와 공존할 수 없다. 규모가 커질수록 정부가 좌우할 수 있는 자원의 양도 증가한다. 이 경우 정치 논리를 앞세우며 자신에게 우선적으로 자원을 배분해 달라는 사람이나 집단이 늘어나게 된다.

정부가 무엇인가를 하기 위해서는 자원이 필요하다. 그러나 자원은 하늘에서 그냥 떨어지는 것이 아니다. 누군가는 정부가 사용하는 자원을 제공해야 한다. 사람들은 정부에 환상 같은 것을 갖고 있지만, 정부는 스스로 선한 일을 하는 주체가 아니라 자원을 배분하는 일을 주로 담당하는 기관일 뿐이다.

한국은 삼권분립이 이루어진 자유민주주의 국가라고 하지만 실제로 행정부가 지나치게 큰 힘을 갖고 있다.

아홉째, 법치의 원리

시장경제는 '법의 지배'를 따른다. 우리나라의 경우 사법(私法)의 원리를 어긴 공법들이 행정부 주도 아래 양산되고 있다. 어떤 법은 헌법재판소나 대법원을 통해 위헌 판결을 받기도 하는데 이는 빙산의 일각에 불과하다.

한국은 '법의 지배'보다는 국회를 통과한 '입법의 지배'가 유행하는 사회라고 볼 수 있다. 법의 지배에 관한 한 로저 스크러튼의 정의보다 명쾌한 것은 없다.

> 법의 지배란 법에 정해진 절차·원칙·제약에 따르지 않고서는 어떤 권력도 행사될 수 없으며, 법을 어기는 행위에 대해 모든 시민들이 그 어떤 유력자나 국가 관리들을 상대로도 배상을 요구할 수 있는 정부 형태를 말한다.

새로운 도덕률로 무장하라

인간이란 감정과 이성을 동시에 가진 존재다. 게다가 한국인은 정이 많은 편이기 때문에 감성적으로 행동할 때가 꽤 많다. 사랑, 이타심, 한민족 우선주의 등의 가치는 우리들 가슴을 훈훈하게 해주고, 그런 감정은 흔히 이성적 판단을 압도한다.

특히 집단적으로 행동할 때는 보다 감성에 치우치게 된다. 일시적으로 기분을 고양시키고 모두가 함께하고 있다는 안도감을 줄 수도 있지만, 냉정하게 이야기하면 그런 선택이나 행동은 경제에는 아무런 도움이 되지 않는다.

게다가 비용과 편익에 긍정적인 효과를 끼치는 경우는 거의 없다. 오히려 결코 무시할 수 없을 만큼 부정적인 영향을 끼치곤 한다. 혹자는 지나치게 계산적인 것 아니냐고 반문하겠지만, 우리 사회가 고민하는 대부분의 문제들은 비용과 편익을 떠나서 생각할 수 없다.

과거의 도덕률이 지배하는 한 우리 사회는 집단주의와 민중주의의 위력 앞에 무릎을 꿇게 될 가능성이 높다. 한국인에게 필요한 것은 새로운 도덕률이다. 그것은 시장경제에서 살아가는 행동규범이자 번영을 위해 우리가 지켜야 할 규칙이기도 하다. 그렇다면 새로운 도덕률이란 어떤 것일까? 나는 『시장경제와 그 적들』이라는 책에서 시장경제의 원활한 작동을 지지하는 새로운 모럴을 다음과 같이 구체적으로 정의한 바 있다.

첫째, 사적 소유권을 법률이나 관행으로 존중하는 모럴

둘째, 공식적이든 비공식적이든 맺어진 계약을 존중하는 모럴

셋째, 모든 교환을 뒷받침하는 정직과 상호 신뢰라는 모럴

넷째, 선택의 자유에 대해서 스스로 책임을 지는 모럴

다섯째, 자신과 다른 것을 용인할 수 있는 모럴

여섯째, 경쟁 결과의 많은 부분이 자신의 의지와는 무관하게 우연이란 요소가 개입할 수 있음을 인정하는 모럴

일곱째, 질투와 시기심에서 발생하는 폭력을 자제시킬 수 있는 법이나, 스스로 자제할 수 있는 모럴

여덟째, 앞서가는 자, 새로운 것을 시도하는 자들을 다수의 힘을 이용해서 억제하거나 무력화시켜서는 안 된다는 금기 사항을 준수하는 모럴

시장 모럴은 시장에 참여하면서 자신도 모르는 사이에 몸에 밴 신념이나 태도인 경우가 많다. 민경국 교수는, 시장 모럴을 구성하는 도덕적 신념이나 시장경제에 대한 긍정적인 태도로 다음과 같은 점

을 강조했다.

신념의 예를 들면, 계약의 충실성에 대한 도덕적 시인, 소유권을 존중하는 심성, 타인들에게 미친 피해에 대한 책임감을 높이 평가하려는 심성, 익명의 시장 파트너들에 대해서도 공급하겠다는 마음을 높이 평가하는 심성 등이다.

태도와 관련된 시장경제 질서의 특징의 예를 들면 다음과 같다. 즉 자신에 대해 스스로 책임을 져야 한다(즉 홀로서기)는 점, 미래에 대해 언제나 불확실하다는 점, 마르크스주의가 소외를 야기시키고, 인류의 악의 근원으로 간주하고 있는 경쟁은 시장 질서의 기초라는 점, 역동적이고 진화적인 시장 질서의 소득 분배(분포)는 불균등하다는 점 그리고 시장 질서에서는 개개인의 사회경제적인 위치가 항상 변동된다는 점 등을 들 수 있다.

이같은 도덕률은 인간이 소규모 집단에서 생활할 때 가졌던 원시 본능과는 거리가 멀다. 새로운 도덕률은 대규모 사회가 시장경제를 통해 번영할 수 있도록 인위적으로 만들어진 것이다. 그러나 어느 날 갑자기 만들어진 것은 아니다. 그것은 치열한 사회적 선택의 과정을 거치는 과정에서 살아남은 가치들이다.

결국 시장 모럴을 얼마나 잘 습득하고 생활화하느냐에 우리의 미래가 달려 있다.

성찰을 통해 현명해져라

데일 카네기, 나폴레온 힐, 브라이언 트레이시 등은 자기계발 분야에서 일가를 이룬 인물들이다. 이들이 다루는 분야를 흔히 '성공학'이라 일컫는데, 성공학의 공통된 주제 가운데 하나가 '성찰을 통해 자기 자신을 바꿔나가야 한다'는 것이다. 이같은 방법은 실제로 무척 효과가 크다.

그럼에도 불구하고 어떤 문제가 발생할 때마다 사회나 제도 탓으로 돌리는 경향은 인간의 심리적인 특성 가운데 하나이다. 실책의 원인을 자신에게서 찾기보다는 외부에서 찾는 편이 훨씬 마음이 편하기 때문이다.

하지만 제도는 마음대로 바꾸기도 힘들고, 가능하다 해도 시간이 오래 걸리는 반면 자기 자신은 의지만 있다면 쉽게 바꿀 수 있다.

물론 사회나 제도의 약점을 발견하고 그것을 고쳐가는 일에 무심해야 한다는 뜻은 아니다. 그런 일들에 관심을 갖고 있더라도 문제의 해결책은 우선 자기 자신에서 찾는 노력을 하라는 말이다. 요컨대 나의 운명은 내가 개척한다는 당찬 각오로 살아야 한다.

3·40대 직장인들이 당면하게 될 미래는 지금도 너무 확연하지 않은가? 그렇다면 그런 미래를 스스로 대비해야 한다. 우리가 일차적으로 비난해야 하는 것은 그런 상황의 도래를 충분히 예견할 수 있었음에도 불구하고 대비하지 못한 자신이지, 사회의 구조적인 약점이 아니다. 스스로 통제할 수 없는 행운이나 불행조차 기꺼이 책임을 지겠다는 결의와 태도는 삶의 새로운 지평을 열게 할 것이다.

막연한 느낌을 경계하라

별다른 이유 없이 마음이 끌리는 정책이나 법안이 있다면 한번 더 생각해 보라. 남들도 원하고 있고 여러분 자신도 바란다면, 십중팔구는 본능에 적합한 정책이라고 보면 된다. 그리고 그것은 시장경제 원리와는 반대되는 것일 가능성이 높다. 반면 본능적으로 거부감이 들지만 소수의 사람들이 강력히 주장하는 것이라면 한번 귀를 기울여 보라.

'저 사람들은 왜 저토록 목소리를 높이는 것일까?'

'다수가 주장하는 정책이 시행된다면, 단기적인 효과뿐 아니라 중·장기적인 효과는 어떨까?'

이처럼 단순한 질문 몇 가지를 던져보는 것만으로도 여러분은 잘못된 정책의 손을 들어주는 우를 피할 수 있다. 원시 본능에 호소해 엉뚱한 방향으로 나라를 이끄는 사람들을 막을 수 있는 것이다. 막연하게 '그 방법이 좋다, 그 사람이 마음에 든다'는 생각에 따라 행동하지 말라.

주위에 몇 명의 멘토를 두는 것도 괜찮다. 정책 권고가 가능한 멘토들의 네트워크를 항상 곁에 둘 수 있다면, 올바른 판단을 내리는 데 도움을 받을 수 있다.

하버드대의 저명한 심리학 교수 스티븐 핑커는 『빈 서판: 인간은 본성을 타고나는가』라는 책에서 이렇게 말한다.

첨단기술이 지배하는 세계에서 인간 직관의 비극적 단점을 치료할 수 있는 확실한 방법은 교육이다. 그리고 다음과 같은 문제들이 교육 정책에 반영되어야 한다. 현대 세계(편집자주: 시장경제가 부를 만들어내는 메커니즘이나 이윤·기업가·거래 등이 가진 가치)를 이해하는 데 있어 가장 중요한 동시에 선천적으로 주어지는 직관적 도구와는 거리가 가장 먼 인지적 도구를 학생들에게 제공하는 문제이다.

우리가 언급한 위험한 오류들은 고등학교나 대학교 교과 과정에서 예를 들어, 경제학·진화생물학·확률·통계학의 중요성을 부각시킬 것이다. 그러나 불행하게도 대부분의 교과 과정은 중세 이후로 거의 변하지 않았고 변할 가능성도 거의 없다.

집단주의적인 사고방식을 버려라

소규모 사회와 대규모 사회를 굳이 구분하자면, 전자는 집단주의를 후자는 개인주의를 채택하고 있다. 그렇다고 해서 모든 대규모 사회가 반드시 개인주의에 의해 운영되는 것은 아니다. 전후 러시아나 중국을 비롯한 사회주의 국가들 같은 경우가 그 예이다.

집단주의는 '다 함께'를 강조하는 연대감을 기반으로 하며, 상호 이타심이 모럴이 된다. 여기서 개인의 자유영역은 인정되지 않는다. 다수가 원한다면 혹은 부족이 원한다면 개인은 언제라도 따라야 한다. 그러나 시장 모럴은 자유와 용인 그리고 이기심을 기반으로 한다. 서로 다름을 인정하고 설령 다수가 원하더라도 소수의 권한을 임의로 침해할 수 없다. 개인은 합법의 테두리 내에서 자신의 이익을 열심히 추구하고, 그것은 당연한 권리로 인정받는다.

소수에 대한 관용은 무척 중요한 부분이다. 시장경제에는 새로운 분야를 개척해 나가는 사람들, 이른바 장사꾼이나 기업가라는 사람들이 있게 마련이다. 이들은 시장에 숨어 있는 교환의 기회를 발견하거나 만들어내는 사람들이다. 한 사회의 부가가치를 만들어 내는 데 결정적으로 기여하는 창조적 소수이다. 그리고 이들이 발견해 내는 이윤을 존중할 때 시장경제는 더욱 번성할 수 있다.

스스로 책임지고 행하라

우리는 점점 더 많은 것을 정부에 기대려고 한다. 실업에 대해서도, 노후에 대해서도, 재해에 대해서도, 건강에 대해서도 모두 정부의 힘을 빌려 해결하려 한다. 이런 추세가 계속되는 한 정부의 규모는 확장될 수밖에 없다. 어떤 면에서 보면 그것은 개개인이 자신의 자유를 정부에 맡기는 일이다.

인류 역사상 비대한 정부 하에서 번영을 이룬 경우는 거의 없다. 정치권력을 쥔 사람들의 책임도 크지만, 결국은 국민들이 알아서 자신의 자유를 정부에 양도한 결과이다.

물론 자유란 두려움을 뜻한다. 미래의 불확실함을 담보로 삶을 개척한다는 것은 누구에게든 두렵고 위험한 일이다. 그러나 스스로 그 길을 거부한다면 결국 '노예의 길'로 접어드는 것이다. 수많은 결정을 개개인이 아니라 공권력이 대신 내리는 것이다. 이런 상황이 지속되면 빈곤해질 수밖에 없다. 자유를 희생한 대가로 기꺼이 가난을 택하겠다면 몰라도 그렇지 않다면 좀더 고민해 보기를 권한다.

무지 때문에 이용당하지 말라

모두가 '깨어 있는 백성'이 되어야 한다는 사실은 꼭 우리 당대의 운명에만 관련된 것은 아니다. 우리는 다음세대의 아이들에게 어떤 미래를 남겨주어야 하는가.

오늘날의 청년 실업은 많은 부분 기성세대가 내린 선택의 결과이기도 하다. 1990년대 들어서서 한국은 이렇다 할 성과를 이루지 못했다. 1970년대와 1980년대에 뿌려진 씨앗이 남긴 수확을 마치 곶감 빼먹듯 살아왔다. 일부 기업의 걸출한 성과가 우리의 생활수준을 이 정도 유지하는 데 그나마 도움을 주었지만 8년째 국민소득 1만 달러를 넘어서지 못하고 있다. 1990년대 이후 거의 제자리걸음을 하고 있는 것이다.

우리가 성장 잠재력을 신장시키는 정치적 선택을 내리지 못하는 한 청년들과 그 이후의 세대는 톡톡히 대가를 지불할 수밖에 없다. 이미 지금의 젊은 세대와 중년층은 본격적으로 비용을 지불하고 있다.

또한 세상에 떠도는 이야기나 정부의 약속을 액면 그대로 믿는 순진함을 보이지 말아야 한다. '주거의 시대가 가고, 임대의 시대가 오고 있다'며 더 이상 아파트를 장만할 필요가 없다는 관련부처와 전문가들의 이구동성을 믿었던 사람들은 집값 폭등에 엄청난 손해를 보았을 것이다. '신용카드를 씁시다'고 은연중 권유하는 광고나 정부정책에 덩달아 행동한 사람들도 곤욕을 치르게 되었다. 물론 무절제하게 카드를 쓴 개인의 책임이 적다는 말은 아니다.

유럽의 뛰어난 투자가였던 앙드레 코스톨라니의 책을 읽다가 정부 정책을 너무 믿지 말라는 대목을 본 적이 있다. 그는 선의에서 나온 정책이라도 결국은 당신의 돈을 낭비하게 만들 수 있다는 경고도 잊지 않았다.

세상에서 가장 위험하고 두려운 것은 무지이다. 모른다는 것은 곧 이용당할 수 있다는 뜻이다. 나는 이 점이 무척 두렵고 걱정스럽다. 찬찬히 따져보고, 무엇이 이 나라의 오늘과 내일에 긍정적인 영향을 미칠지 살펴보아야 한다.

홀로 당당히 맞서라

위험이 증가하는 만큼 기회의 진폭도 커지는 시대가 열리고 있다. 스스로의 눈으로 세상을 전망하고 이해하며 판단하는 힘을 키워야 한다. 국가가 어떤 약속을 하더라도 임기가 끝나고 나면 그만이다. 직장도 마찬가지이다. '어떻게 살 것인가?' '무엇을 준비해야 할 것인가?' 같은 질문을 진지하게 던져보고 해답을 찾아야 한다.

자신의 직업과 노후, 아이들의 교육 등 스스로 부담해야 할 책임의 크기는 더욱 커졌다. 남들이 가는 길이 올바른 길이던 시대는 지났기 때문이다. 남들 하는 대로 따라가면 그럭저럭 지낼 만하던 시절은 이미 사라졌다. 교육문제만 해도 그렇다. 아이들에게 어떤 미래를 준비시켜야 할지 부모는 자신의 관점을 세워야 한다. 과거에 했던 식은 이제 유효기간이 지났다. 교육뿐 아니라 매사가 다 그렇게 되었다.

공동 창업자로 오늘날의 인텔을 만들어낸 앤드류 그로브의 자서전 앤드류 그로브의 『위대한 수업』의 내용이 무척 흥미롭다. 체제의 변질이 개인과 가족의 삶을 어떻게 변화시키는지 보여주는 감동적인 내용인데, 우리는 이 책에서 교훈을 얻을 수 있다.

1948년 8월, 헝가리에 공산당 정권이 집권한다. 공산당은 먼저 민간기업을 국유화하고 그 다음 학교 체제에 손을 뻗치기 시작한다. 1936년생인 앤드류 그로브가 11살이 되던 해인 1946년 봄, 그의 아버지는 시대의 변화를 나름대로 파악하고 결정을 내린다. 헝가리 속담 '할 줄 아는 언어가 많을수록 그 사람의 가치는 높아진다'는 말을 실천에 옮기는 것이었다. 그의 아버지는 헝가리라는 국가를 믿지 않았기 때문에 자식의 미래를 더욱 걱정했고, 그래서 영어를 가르치기로 결심한 것이었다. 집안 형편이 넉넉하지 않았기 때문에 어머니는 금목걸이를 팔아 수업료를 내면서 앤드류 그로브에게 과외를 시킨다.

아버지는 크게 후회되는 것 중 하나가 어렸을 때 외국어를 배우지 않은 것이라고 말씀하셨다. 어른이 된 후 다른 나라 말을 배운다는 건 어려운 일이라고 믿고 계셨다. 아버지는 전쟁중에 독일어와 러시아어를 배워보려고 했으나 성공하지 못했다. 아버지는 특히 영어를 배우라고 하셨다. 영국사람과 미국사람 모두 영어를 쓰기 때문에, 앞으로는 영어가 세계에서 가장 널리 쓰이는 언어가 될 것이라고 생각하셨던 것이다.

그렇게 배운 언어는 훗날 앤드류 그로브가 헝가리를 탈출하고 오스트리아를 거쳐 미국에 입국하는 데 결정적인 공헌을 하게 된다. 앤드류는 "10년 전 영어를 공부하라고 했던 아버지의 고집이 행운을 가져다 준 중요한 요소라는 생각이 퍼뜩 들었다. 나는 편지를 쓰면서 아버지께 감사하다는 말씀을 적었다"고 회고하고 있다.

국가든 조직이든 자신 이외에 운명을 책임질 수 있는 존재는 없다. 다행히 한국이 다시 역동성을 회복해 일자리를 만들어낼 수 있다면, 더 없이 좋은 일이다. 그러나 우리는 아이들의 미래를 위해서 스스로 판단하고 준비해야 한다. '주어진 제도에서 열심히 공부했는데, 왜 일자리를 잡을 수 없는가?'라는 탄식이 흘러나올 가능성이 높기 때문이다. 한국의 고용 사정이 더욱 악화된다면, 다른 나라에서라도 일자리를 찾아야 한다는 생각이 든다.

거듭 말하자면, 우리는 우리의 제도나 체제에 대해 믿음을 가지면서도 스스로 위험을 분산시켜 나가야 한다. 스스로 인생을 만들어가야 하는 절박한 상황이다.

| 맺는 글 |

낙관할 수 없기에 절망하는 것은, 아직 이르다

나는 개인적으로 낙관주의자이자 실용주의자이다. 늘 긍정적으로 미래를 보고, 미래를 자신의 방식대로 창조해 갈 수 있다고 믿는 사람이다. 게다가 대단한 혁신가이다. 무엇이든 성역을 인정하지 않는다. 권위든, 습관이든, 지식이든, 지위든 실용성이 떨어지고 변화해야 할 필요가 있다고 판단하면, 과거에 연연하지 않고 과감히 고쳐가는 스타일이다.

하지만 이번 글은 나의 스타일과는 달리 낙관보다는 비관적인 톤이 주를 이루고 있다. 이 글을 처음부터 끝까지 읽은 독자라면 그동안 공병호의 글에서 받았던 느낌과는 달리 우울한 감정을 가질 수 있을 것이다.

내가 강조해 두고 싶은 점은 현실을 제대로 보자는 것이다. 자신의 방식대로 곡해해서 보지 말고 있는 그대로의 현실을 직시하자는 것이다. 인간이 보고 싶은 것만 보고 믿고 싶은 것만 믿는 '자기기만(self-deception)'의 약점을 벗어날 수 있다면, 세상에 도저히 해결할 수 없는 문제란 없다.

우리가 처한 상황을 부정적인 것에서 긍정적인 것으로 바꿀 수 있지 않을까 하는 기대와 희망을 가져본다. 다만 걱정스러운 점은, 스스로 결심하고 행동함으로써 상대적으로 변화가 쉬운 개인에 반해 수백, 수천 명으로 이루어진 기업과 같은 조직은 제대로 된 변화를 이루기가 어렵다는 사실이다. 주어진 상황을 공유하기가 쉽지 않기 때문이다.

하물며 수천만 명으로 이루어진 한 국가가 객관적인 상황을 서로 공유하기란 얼마나 어려운 일이겠는가? 게다가 국가는 집단적 의사결정이라는 정치 과정을 거쳐야 하기 때문에 바람직한 결과를 이끌어내기가 더욱 쉽지 않다.

그러나 어렵다고 해서 포기해 버릴 수는 없다. 어렵기는 하지만 이미 당면하고 있고, 앞으로도 당면하게 될 상황을 이해하는 데 이 책이 어느 정도 기여할 수 있기를 바란다. 이 책이 개인적인 차원에서 그리고 조직적인 차원에서 무엇을 해야 하는지 심각하게 생각하는 계기를 제공할 수 있기를 바란다.

가장 이상적인 경우는 우리 사회가 다시 역동성을 회복해 번영의 길로 질주하는 것이다. 그러나 그것이 생각대로 이루어지지 않는다면, 주어진 상황 속에서 어떻게 생존과 번영을 확보해야 하는가를 찾아낼 수 있어야 한다.

한 치 앞을 내다볼 수 없을 정도로 숨 가쁘게 변화하는 시대 속에서, 10년 앞을 내다보는 일 자체가 무모하다면 무모한 일이다. 그렇다고 해서 미래를 전망하고 대비하지 않는다면 추락이 있을 뿐이다.

다가올 본격적인 위기 속에서도 기회를 만들어낼 수 있다는 자신감으로 우리는 미래를 창조해 나가야 한다.

10년 후, 한국

초판 1쇄 2004년 6월 7일
초판 31쇄 2005년 5월 5일

지은이 | 공병호
펴낸이 | 송영석

편집장 | 김수영
책임편집 | 이혜진 **외부교정** | 김문숙
기획편집 | 이진숙 · 정낙정 · 박은미
외서기획 | 이숙향
디자인 | 박윤정 · 박정화 · 황선정
제작관리 | 이종우 · 황규성
영업 | 홍용준 · 변영수 · 이영인
총무 | 정미희 · 김정혜

펴낸곳 | (株)해냄출판사
등록번호 | 제10-229호
등록일자 | 1988년 5월 11일

서울시 마포구 서교동 368-4 해냄빌딩 5·6층
대표전화 | 326-1600 **팩스** | 326-1624
홈페이지 | www.hainaim.com

ISBN 89-7337-614-4

값 10,000원

파본은 본사나 구입하신 서점에서 교환하여 드립니다.